KB245194

국제 관계

생각이 많은 10대를 위한

국제 관계

박창섭 글 | 나수은 그림

나무생각

여러분, 안녕!

뉴스에서 '미국 대통령이 한국을 방문했다'거나 '유엔에서 회의가 열렸다' 또는 '여러 나라가 환경 문제를 함께 해결하려 한다'는 소식을 들어 본 적 있지? 이런 이야기들이 바로 '국제 관계'에 관한 거야.

'국제 관계'라는 말이 조금 낯설게 느껴질 수도 있어. 하지만 사실은 사람 사이의 관계와 비슷해. 친구들끼리도 함께 놀고, 의견이 다를 때는 다투지만 결국 화해하고 협력하잖아? 나라 사이에서도 마찬가지야. 서로 필요한 물건을 사고팔고, 축제나 스포츠 같은 행사를 함께 열기도 하지만, 생각이 달라 갈등이 생기기도 해. 그래도 지구라는 한 공간에서 함께 살아가야 하니까, 결국 서로 도우며 문제를 풀어 가야 하지.

이 책은 그런 이야기들을 담고 있어. 나라들이 어떻게 친구가 되고, 왜 다투고, 어떤 방법으로 화해하고 협력하는지 알려 줄 거야.

예를 들어, 전 세계 사람들이 한국 음악을 듣고, 한국 드라마를 보고, 한국 음식을 먹는 것도 국제 관계의 한 모습이지. 문화가 오가면서 나라들은 서로를 이해하고 가까워지게 돼.

또 우리가 마시는 오렌지 주스가 다른 나라에서 오고, 우리나라에서 만든 스마트폰이 전 세계로 수출되는 것도 마찬가지야. 물건과 자원이 오가는 무역은 국제 관계의 중요한 부분이지.

하지만 국제 관계가 항상 평화롭기만 한 건 아니야. 어떤 나라에서는 전쟁이 일어나고, 어떤 사람들은 집을 떠나 난민이 되기도 해. 또 환경 오염, 기후 변화처럼 한 나라의 힘만으로는 해결할 수 없는 문제도 있어. 그래서 모든 나라가 함께 힘을 모아야 해.

국제 관계를 배우는 건 단순히 지식을 쌓는 게 아니라, 나를 둘러싼 더 넓은 세계를 이해하는 일이야. 세계가 어떻게 연결되어 있는지 나와는 어떤 관계가 있는지도 알 수 있지. 이 책이 세상을 바라보는 눈을 넓히고, 세계의 이웃과 친구가 되는 데 도움이 되면 좋겠어.

이제 책장을 넘기며 세계 곳곳의 이야기를 만나 보자.

박창섭

차례

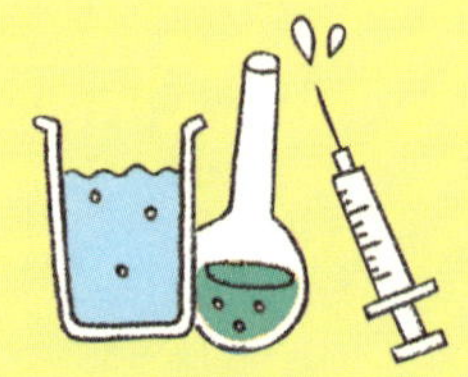

국제 관계란 무엇일까?

‘국제 관계’라는 말이 어렵고 낯설게 들릴 거야. 하지만 친구 관계가 뭔지를 생각해 보면 조금 쉽게 이해할 수 있어. 여러분은 친한 친구가 몇 명이나 있을까? 그 친구들과 어떻게 지내는지 생각해 봐. 같이 어울려 게임을 할 수도 있고, 영화를 보러 갈 수도 있겠지. 피자집에 가서 즐거운 시간을 보낼 수도 있어. 숙제가 뭔지 잊었다면, 친구한테 물어보면 잘 알려 줄 거야. 생일 파티에 친구들을 초대하는 일은 항상 신나고 즐겁지. 가끔은 서로 생각이 달라서 다투기도 하지만, 그래도 금방 화해하는 게 친구 사이야.

국제 관계는 친구 관계의 확장이라고 볼 수 있어. 서로 다른 나라들이 어울려 지내는 것을 국제 관계라고 보면 돼. 친구들과 같이 게임을 하는 것처럼, 많은 나라가 어울려 스포츠 경기를 하기도 하지. 전 세계 200여 개국이 참가해서 여러 경기 종목을 경쟁하는 올림픽처럼 말이야.

친구들과 선물을 주고받는 것처럼, 나라들도 필요한 상품을 교

환해. 물론 친구 사이에는 돈을 주고받지는 않지만, 국가 간에는 돈을 이용해 물건을 사고팔지. 친구들과 다투는 일은 국가 간의 분쟁과 비슷하다고 할 수 있어. 국가 간에도 의견 충돌이 일어나곤 해. 가장 심각한 형태의 분쟁은 '전쟁'이지. 최근에는 이스라엘과 하마스° 그리고 러시아와 우크라이나가 전쟁을 벌였어. 전쟁에서 사람들이 죽는 것을 보는 건 참 슬픈 일이야.

국가 간의 대화, 외교

국제 관계의 중심에는 '외교'가 있어. 외교는 '국가 간의 대화'라고 생각하면 돼. 친구들끼리 대화를 하는 것처럼 나라들도 서로 대화를 하는 거야. 무엇에 대해 얘기를 하냐고? 외교적 대화의 소재는 무궁무진해. 어떤 때는 필요한 물건들을 어떻게 맞바꿀 것인가 대화하고, 어떤 때는 올림픽을 같이 치르는 것에 대해 얘기를 나누기도 하지. 우리나라 국민이 해외여행 중에 실종됐을 때도 외교를 통해 문제를 해결할 수 있어.

영토 갈등은 큰 범위의 외교 대상이야. 지금 이 순간에도 인도와 파키스탄, 대만과 중국, 러시아와 일본 등 세계 여러 나라들이 영토를 둘러싸고 갈등을 겪고 있지. 일본이 우리 독도를 자기네 땅

이라고 우기는 일도 계속되고 있고.

독도는 역사적으로나 법적으로 분명한 대한민국 영토야.《삼국사기》와《세종실록지리지》등 고대 문헌에 따르면 독도는 신라 시대부터 우리 영토였어. 무려 1,500여 년 전에 신라 영토임을 선언한 거야. 조선 시대의 다양한 지도에도 독도가 조선의 영토로 명확히 표기되어 있지.

가깝게는 1951년 '샌프란시스코 강화 조약'에서도 독도는 대한민국 땅임을 인정받았어. 그리고 대한민국은 오랫동안 독도를 실질적으로 점유하고 있어. 따라서 우리 모두는 '독도는 우리 땅'이라는 걸 잊으면 안 돼.

국제 무역도 국가 간에 외교를 통해 처리하는 중요한 문제 가운데 하나야. 어떤 때는 두 나라 간에만 무역 협상을 하지만, 대부분 여러 나라가 동시에 협상을 시도해. 국제 관계는 경제와 밀접하게 연관되어 있지. 국가는 자국민이 필요한 것을 얻을 수 있도록 다른 나라와 상품이나 서비스를 맞바꿔. 예를 들어, 우리나라는 반도체와 휘발유 등 석유 제품을 말레이시아에 팔고, 대신 천연 가스와 야자유, 수산물 등을 말레이시아에서 수입하지. 일상생활에서 우리가 사용하는 많은 물건이 수입품이라는 건 알고 있지?

그렇다고 정치와 무역이 국제 관계의 전부는 아냐. 좋아하는 음악, 영화, 음식을 친구들과 같이 즐긴다고 생각해 보자. 각 나라는 자국의 고유한 문화, 가치, 아이디어를 다른 나라에 수출하기도 해.

할리우드 영화, K팝, 이탈리아 파스타 등을 생각해 보면 쉽게 이해할 수 있을 거야. 문화 교류는 국제 관계에서 갈수록 중요해지고 있어. 'K컬처'의 세계적 인기는 이미 잘 알고 있을 거야.

협력이 중요해

친구들과 힘을 합쳐 어떤 일을 해 본 적이 있니? 예를 들어, 친구들과 스터디 모임을 꾸려 같이 공부를 할 수 있지. 동네 길거리에 버려진 쓰레기를 함께 주울 수도 있고.

국제 관계에서도 협력이 중요해. 여러 나라가 같은 목표를 위해 힘을 합치는 일은 아주 많아. 가장 최근의 사례는 '코로나19 팬데믹'이었어. 2020년 초부터 2022년 말까지 3년간 전 세계는 코로나19로 큰 고통을 겪었어. 발열, 기침 등을 동반하는 코로나19 바이러스는 심하면 폐 손상을 가져와 호흡 곤란으로 사망하는 환자도 많았지. 코로나19 바이러스는 전염성이 워낙 강해서, 몇몇 나라만의 노력으로는 막을 수 없었어. 그래서 지구상에 있는 모든 나라들이 힘을 합쳐 대응했지.

예를 들면 2020년 3월 G20° 국가들은 힘을 합쳐 백신과 치료제 개발에 나섰어. 세계보건기구(WHO)는 여러 기업과 손을 잡고

○ Group of 20, 1999년에 만들어진 전 세계 선진·신흥 20개국 금융 관련 협의체.

전쟁
한류
독도
영토 갈등
국제 무역
대기
기후 위기 국제 협약

저소득 국가에 백신을 무료로 제공했어. 또 많은 국가가 바이러스에 대한 정보를 적극적으로 공유하고, 확산 방지를 위한 공동 대책도 마련했지.

요즘 전 세계의 가장 큰 문제는 기후 위기야. 산업 혁명 이후 지구의 온도가 점차 올라가서 해수면이 상승하고 자연재해가 급격하게 증가하는 등 여러 부작용이 발생하고 있거든. 석유나 석탄, 가스 등 화석 연료의 지나친 사용으로 지구 대기에 탄소가 늘어난 것을 큰 원인으로 꼽지. 공장이나 자동차 연료, 가정 연료로 사용하는 화석 연료를 계속 쓸지 말지, 대신 어떤 에너지를 쓸 수 있는지 고민하는 것은 어떤 한 나라가 혼자서 대처할 수 없어. 기후 위기에 대한 대응도 전 지구적 차원에서 이뤄져야 해. 그래서 해마다 많은 나라가 한자리에 모여 대응 방안을 논의하고 있어. 또한 국제 협약을 만들어서 각 나라들이 기후 위기를 막는 노력에 동참하고 있지.

국제 관계를 왜 알아야 할까?

이제 국제 관계가 무엇인지 어느 정도 이해했을 거야. 그런데 왜 우리가 국제 관계에 관심을 가져야 하는 걸까? 국제 관계를 이해하는 게 왜 우리에게 중요할까?

국제 관계는 우리 일상생활보다 훨씬 큰 영역에서 펼쳐지지만, 사실 우리 개개인에게까지 영향을 미치고 있어. 과학 기술의 발달로 세상이 촘촘하게 연결되어 있다는 거 잘 알고 있지? 인터넷을 생각해 봐. 우리는 침대에 누워서 스마트폰으로 세계 곳곳에서 일어나는 일을 금방 알 수 있어. 스마트폰 하나로 전 세계가 연결되는 참 편리한 세상이야.

그런데 세상은 서로 촘촘하게 연결되어 있을 뿐만 아니라, 어느 한 곳에서 일어나는 일이 다른 곳에 사는 많은 사람들에게 영향을 미쳐. 기후 위기가 지구에 사는 모든 인류에게 영향을 미치는 것처럼 말이야. 지구 온난화로 북극의 빙하가 녹으면 해수면이 올라가고, 이에 따라 방글라데시나 몰디브 등 저지대에 있는 국가들은 큰 피해를 입어. 나중에는 우리나라 해안가에 있는 일부 도시도 물에 잠길지 몰라. 지구 반대편에서 일어나 우리와 상관없어 보이는 일도 결국 남의 일이 아니라는 거야.

2022년 시작된 '러시아-우크라이나 전쟁'은 원유 생산의 감소로 이어졌지. 이 때문에 국제 원윳값이 오르고, 우리나라도 큰 영향을 받았어. 2019~2020년 오스트레일리아에서 일어난 대규모 산불은 지구 대기에 엄청난 탄소를 뿜어내 지구 온난화 위기를 심화시켰다고 해.

이처럼 국제 관계는 생각보다 우리 삶에 큰 영향을 미쳐. 따라서 국가들이 어떻게 대화하고 협력하는지 이해할 필요가 있어. 국제 관계를 제대로 이해하면, 우리가 좀 더 안전하고 행복하게 사는 미래를 준비하는 데 큰 도움이 될 거야.

국제 관계는 여러 나라가 대화하고, 협력하고, 공동의 이익을 위해 노력하며 이어지고 있어. 국제 관계는 또 전쟁이나 영토 분쟁, 무역 논란 등 여러 갈등을 포함할 때도 있지. 국가들이 어떻게 상호 작용하는지 이해하는 것은 우리나라를 위해서 중요하지만, 개개인에게도 필요한 일이야.

10대 청소년 여러분은 앞으로 지구의 미래를 만들어 갈 주인공이야. 국제 관계를 이해하는 것은 여러분의 미래와 연결돼 있어. 환경 보호를 위해 노력하고, 문화 교류에 참여하고, 어려운 처지에 놓인 다른 나라 사람들을 돕는 것은 모두 건강하고 밝은 지구의 미래를 만드는 일이지. 지구의 미래가 밝아질 때, 개인의 미래도 밝아질 거야. 그러므로 이 지구에 사는 모든 사람이 공동의 이익을 위해 서로 손잡고 협력하는 세상을 만들기 위해서는 국제 관계를 제대로 알아야 해.

②

지금의 국제 관계는 어떻게 형성되었을까?

국제 관계의 맥락을 제대로 이해하려면 시대를 많이 거슬러 올라가야 해. 멀리는 실크로드와 같은 고대 무역로에서 국제 관계의 뿌리를 찾을 수 있지. 하지만 현재의 국제 관계 형성에는 20세기에 있었던 두 차례의 세계 대전이 매우 큰 영향을 미쳤어.

제1차 세계 대전

제1차 세계 대전(1914~1918년)은 말 그대로 전 세계 여러 국가가 벌인 전쟁이야. 군인 900만 명이 죽었고, 2100만 명이 부상을 당했어. 실종자와 포로도 800만 명에 달했지. 민간인들도 무려 700만 명이 죽었다고 해. 화학 무기 사용과 대규모 폭격, 기아와 질병의 확산은 인류에 씻기 어려운 상처를 남겼어.

왜 이런 비극이 일어났을까? 전쟁이 일어나는 데는 한 가지 이

유만 있는 것은 아니야. 여러 가지 복잡한 사안이 얽혀 있지. 우선 '제국주의'의 영향을 들 수 있어. 제국주의란 19세기 후반부터 20세기 초에 걸쳐 유럽 강대국들이 아프리카와 아시아에서 식민지를 넓히며 경쟁한 것을 일컫는 말이야. 식민지 경쟁은 강대국들 사이의 긴장을 고조시켰어. 이 무렵, 유럽 여러 지역에서는 민족주의도 힘을 얻기 시작했지. 여러 민족이 강대국들의 지배에서 벗어나 자신들의 독립 국가를 세우고자 갈망했기 때문이야.

독일과 영국을 비롯한 유럽 주요 국가들은 군사력을 더욱 키웠어. 특히 독일과 영국은 해군력을 강화했지. 일부 국가들은 자국의 안전을 지키기 위해 비밀 동맹을 만들기도 했어. 독일, 오스트리아-헝가리°, 이탈리아는 '삼국 동맹'을 맺었고, 이에 대응해 프랑스, 러시아, 영국은 '삼국 협상'을 형성했지.

이처럼 긴장이 높아지고 있을 즈음, 1914년 6월 28일, 오스트리아-헝가리 제국의 황태자 프란츠 페르디난트 부부가 사라예보에서 세르비아 민족주의자에게 암살당하는 사건이 발생했어. 이 일을 '사라예보 사건'이라고 해. 이 사건은 이미 긴장 상태에 놓여 있던 유럽을 전면전으로 이끄는 촉매제가 되고 말았지.

전쟁은 동맹국(독일, 오스트리아-헝가리, 오스만 제국 등)과 연합국(영국, 프랑스, 러시아, 미국 등) 간의 충돌로 요약할 수 있어. 4년간 지속

○ 오스트리아-헝가리 제국. 오스트리아와 헝가리가 합병한 이중 군주국. 러시아 다음으로 큰 영토를 가지고 있던 다민족으로 구성된 나라.

된 전쟁은 참호전°, 탱크, 항공기, 화학 무기 등 새로운 무기와 전술로 인해 매우 참혹한 결과를 낳았어.

전쟁은 1918년 11월 연합국의 승리로 끝났어. 전쟁이 끝난 후, 베르사유 조약(1919년)이 체결되었고, 이 조약에 따라 독일은 막대한 전쟁 배상금을 물어야 했어. 또 영토의 일부도 빼앗겼지. 오스트리아-헝가리 제국, 오스만 제국, 러시아 제국은 해체되었어. 그 결과 유럽과 중동에 새로운 국가들이 태어났지.

그리고 국제 평화를 유지하기 위한 '국제연맹(Ligue of Nations, 1920년)'도 만들어졌어. 일본, 프랑스, 영국, 이탈리아가 주도했고, 초기 회원국은 42개국이었어. 이는 여러 나라 간의 협력을 통해 전쟁을 막고 분쟁을 평화적으로 해결하려는 현대 국제기구의 효시였지. 그러나 국제연맹은 상원의 비준을 받지 못한 미국이 빠지고, 회원국들이 갈등을 겪으면서 효과적으로 작동하지는 못했어.

제1차 세계 대전을 통해 가장 주목을 받은 국가는 미국이야. 신생국이었던 미국은 전후 국제 무대에서 군사 및 경제 강국으로 떠올랐어. 이후 미국은 국제 질서를 만드는 데 적극적으로 개입하기 시작했지. 제1차 세계 대전은 전 세계적으로 정치·경제·사회적 변화를 가져왔고, 이후 국제 관계에 큰 영향을 미쳤어.

○ 양쪽 군대가 참호를 파고 그 안에서 방어와 공격을 반복하는 형태로 전투를 벌이는 방식.

제2차 세계 대전

제1차 세계 대전의 아픔이 채 가시기도 전에 인류는 또 한 번의 세계 전쟁을 치르게 되었어. 바로 제2차 세계 대전(1939~1945년)이야. 제1차 세계 대전처럼, 전쟁이 일어난 데는 여러 가지 이유가 있었어. 첫 번째로 베르사유 조약과 독일의 경제 불안정을 꼽을 수 있어. 제1차 세계 대전 후 체결된 베르사유 조약으로 독일의 경제와 정치는 불안정해졌고, 아돌프 히틀러가 나치 정권을 만드는 결과로 이어지고 말았거든.

나치는 원래 '국가사회주의 독일 노동자당'이라는 정당이었는데, 개인의 권리를 국가의 이익을 위해 희생할 수 있다는 이념과 우수한 게르만 민족이 열등한 다른 인종을 지배하는 게 옳다는 인종주의 이념을 핵심으로 삼았어. 나치당의 지도자였던 아돌프 히틀러는 독일 총리로 임명되면서 권력을 장악했지.

독일 말고도 이탈리아와 일본에서도 전체주의 정권이 등장했어. 이탈리아의 파시스트 정권, 일본의 군국주의 정권이야. '전체주의'란 국가가 사회의 거의 모든 측면에 대해 절대적인 통제를 행사하는 것을 말해. 이러한 국가에서는 개인의 자유와 권리를 철저히 억압하고, 국가의 목표를 달성하는 데만 집중하지. 이들 전체주의 국가들은 군사력을 키우고 영토를 넓히는 데 골몰했어.

결국, 히틀러가 1939년 9월 폴란드를 침공하면서 다시 세계 전쟁이 일어나고 말았어. 영국과 프랑스가 독일에 즉각 선전 포고를 했고, 이후 여러 나라의 개입이 이어졌지. 전쟁은 크게 두 진영의 싸움으로 진행됐어. 추축국과 연합국이지.

추축국은 주로 독일, 이탈리아, 일본으로 구성된 '군사 동맹'이야. 추축국들의 목표는 제국주의의 팽창이라고 요약할 수 있어. 히틀러의 나치는 유럽 대륙을 지배하는 것이 목표였고, 이탈리아 무솔리니의 파시스트 정권은 지중해와 아프리카에서 새로운 로마 제국을 만들려는 야망을 품었지. 일본은 아시아와 태평양 지역을 손에 넣고 싶어 했어.

추축국에 맞선 '연합국' 진영에는 영국, 프랑스, 소련, 미국, 중국 등이 포함돼 있었어. 영국과 프랑스는 히틀러의 폴란드 침공 이후 곧바로 전쟁에 뛰어들었고, 소련은 1941년 독일이 소련을 공격하자 이에 대응해 참전했어. 미국은 1941년 일본이 하와이의 진주만 기지를 공격한 것을 계기로 연합국에 가담했지. 중국은 일본의 침략에 맞서 싸우며 연합국의 일원으로 활동했어.

전쟁의 결과는 말로 표현할 수 없을 정도로 참혹했어. 무엇보다 6천만 명 이상이 죽었어. 특히 나치가 벌인 홀로코스트°는 유대인 600만 명의 목숨을 앗아 갔어. 이뿐만 아니라, 유럽과 아시아의 주요 도시들은 사람이 살 수 없을 정도로 파괴되었어.

커다란 정치적 변화도 뒤따랐지. 나치 정권이 무너지고 독일은

동독과 서독, 둘로 분단되었어. 일본은 연합군에 항복하고, 미국의 감시 아래 민주화와 경제 재건을 시작했어. 이탈리아는 무솔리니 정권이 몰락했고, 이후 왕정을 폐지하고 공화국을 수립했지. 아시아와 아프리카의 식민지들은 전쟁 이후 독립 국가가 되었어. 강대국이 약소국을 힘으로 밀어붙이던 시대가 서서히 막을 내리기 시작한 셈이지.

제2차 세계 대전은 현대의 국제 체제를 만들어 낸 중요한 사건이야. 이후 국제 사회는 적을 막아 내기 위해서는 협력이 아주 중요하다는 것을 깨달았어. 재앙적인 분쟁이 다시 일어나는 것을 막기 위해서는 국제기구가 필요하다는 인식도 더욱 강해졌지. 그래서 태어난 게 국제연합, 유엔(UN, United Nations)이야. 1945년 6월 26일 미국 샌프란시스코에서였지.

UN의 탄생

유엔의 창설은 국제 평화와 안보를 유지하겠다는 공동의 의지를 담고 있어. 유엔 헌장은 분쟁의 평화적 해결과 무력 사용 거부를 강조해. 유엔은 전쟁으로 피폐해진 국가들을 다시 일으켜 세우고, 인권을 보장하며, 외교적 수단을 통해 분쟁을 막으려는 노력을 기울였어.

제1차 세계 대전
제2차 세계 대전
NATO
바르샤바 조약
냉전 양극 체제
탈식민지화와
남반구의 부상
미국
단극 체제
다극 체제

유엔은 국제 협력의 기반을 마련하는 데 큰 역할을 했지만, 동시에 두 강대국 미국과 소련 간의 갈등도 키웠어. 안타까운 일이지. 미국 주도로 움직이는 유엔에 반대해 소련은 자기 나름대로 공산권 세력을 키워 갔거든. 이후 국제 사회에서는 이념 대결이 본격적으로 벌어졌어. 제2차 세계 대전 전에는 유럽 열강들이 만들어 낸 식민주의가 국제 관계의 핵심이었는데, 전쟁 이후에는 민주주의와 공산주의라는 두 세력 간의 다툼이 국제 관계의 중심에 놓이게 된 거지.

냉전과 양극 체제

'차가운 전쟁'이라는 뜻의 '냉전(Cold War)'이라는 말이 있어. 1945년부터 1990년까지 소련을 중심으로 하는 공산권 국가들과 미국이 주도하는 서구 열강 사이에 존재했던 정치적 적대 상태를 뜻하는 말이야. 두 진영은 무기를 들고 직접 싸우지는 않았지만, 군사력을 키우면서 치열하게 대립했지.

이런 일이 있었어. 1949년에 설립된 북대서양조약기구, 즉 나토(NATO)는 서구 민주주의 국가들로 구성된 군사 동맹이야. 미국의 주도로 유럽과 북아메리카 지역 31개 국가가 참여했지. 소련이 공산주의를 전 세계에 퍼뜨리려는 팽창주의에 맞서기 위한 것이었어. 이에 소련을 주도로 하는 동구권은 1955년 '바르샤바조약기구(WTO)'를 만들어 나토에 맞섰지.

경제적으로는 미국이 유럽 동맹국들의 경제를 재건하는 것을 돕는 계획 '마셜 플랜'을 내놓자, 소련은 동구권 국가들을 위한 '코메콘'을 창설했어. 이후 공산주의와 민주주의 국가들 사이의 경쟁은 더욱 치열해졌어.

특히 냉전 시대, 핵무기 개발을 특징으로 하는 군비 경쟁은 세계적으로 긴장을 높였지. 예를 들어 볼까? 1959년 쿠바 혁명으로 피델 카스트로가 집권한 후, 쿠바는 소련과 손을 잡으며 미국 견제에 나섰어. 소련과 미국은 거리가 아주 멀지만, 쿠바는 미국 플로리다주와 아주 가까이 있는 나라거든. 그런데 1962년 10월, 미국의 정찰기가 쿠바에서 소련의 미사일 기지를 발견했어. 이 미사일은 미국 본토를 직접 공격할 수 있는 능력을 가지고 있었지. 미국이 소련 영토와 인접한 튀르키예에 미사일을 배치한 것에 대응해 소련도 미국 코앞에 미사일 기지를 세운 거야. 미국은 즉각적 대응에 나섰지. 존 F. 케네디 대통령은 쿠바로 가는 모든 소련 배를 막겠다고 선언했어. 그리고 위기는 핵전쟁 직전까지 치달았지.

다행히 마지막 순간 양국은 합의했어. 소련은 쿠바에서 미사일을 철수하고, 미국도 튀르키예에 배치한 자국의 미사일을 빼내기로 말이야. 이 위기는 양국이 핵전쟁의 위험성을 깨닫게 되는 계기가 되었지만, 이후에도 양국의 갈등이 줄어들지는 않았어.

냉전은 심지어 국제적 축제인 올림픽에까지 큰 영향을 미쳤어. 1980년과 1984년 올림픽은 동구권과 서구권° 국가들이 반대 진영에서 열린 대회에 보이콧(집단 거부)을 선언하면서 반쪽짜리 대회가 되고 말았어. 1980년 모스크바 올림픽에는 소련이 아프가니스탄을 침공한 것에 대한 항의로 미국을 포함한 서방 국가 65개국이 불참했어. 6.25 전쟁 중이었던 1952년 오슬로 동계 올림픽을 제외하고 꾸준히 올림픽에 참가하던 우리나라도 모스크바 올림픽에는 불참했어. 반대로 1984년 로스앤젤레스 올림픽에는 소련을 포함한 동구권 국가 14개국이 보이콧했지. 냉전의 영향력이 얼마나 컸는지 짐작할 수 있겠지?

예를 하나 더 들어 볼게. 1957년 10월 4일, 소련이 인류 최초의 인공위성 '스푸트니크 1호'를 발사했어. 이 위성은 지구 궤도를 돌며 '삑삑' 간단한 라디오 신호를 지구로 보내왔어. 지금은 대수롭지 않아 보이지만, 당시에 이 사건은 전 세계에 큰 충격을 주었지. 무엇보다 이것이 소련의 과학 기술이 미국보다 앞서 나가는 신호로 받아들여졌어. 미국이 가만히 있을 리 없겠지? 미국은 1958년 미국항공우주국, 즉 나사(NASA)를 설립하고, 과학 기술 발전에 힘을 쏟았어. 그 결과 미국은 1969년 7월 20일 아폴로 11호의 달 착륙이라는 큰 성과를 거두며 소련을 긴장시켰지. 이것은 냉전의 갈

○ 각각 동유럽, 서유럽이라는 뜻이지만, 동구권은 소련에 영향받은 공산 국가들을 말하고, 서구권은 자본주의 세력권에 드는 국가들을 뜻한다.

소련 인류 최초 인공위성 발사
삑
삑
스푸트니크 1호
1957년 10월 4일 발사

미국 인류 최초 달 착륙
아폴로 11호
1969년 7월 20일

등이 군사, 정치적인 일에만 국한된 것이 아니라 과학 기술 분야에까지 영향을 줄 수 있다는 점을 보여 주는 대표적인 사례야.

냉전은 여러 나라의 의사 결정 과정에 큰 영향을 미쳤어. 각국은 국가 안보를 위해 초강대국 중 어느 한쪽과 협력해야만 했어. 우리나라는 이때 미국 편에 서서 국익을 얻으려고 했지. 이 시기에는 국제 협력을 위한 기구인 유엔도 제대로 힘을 쓰지 못했어. 초강대국들이 자신의 이익을 위해 종종 거부권을 휘둘렀기 때문에 제 기능을 못 한 거지.

하지만 영원할 것 같던 냉전은 1990년대 초 끝이 났어. 평화를 위한 노력의 결실이었다기보다는 냉전의 한 축인 소련이 1991년에 해체되었기 때문이야. 1980년대 소련은 심각한 경제 문제에 직면해 있었어. 국가가 모든 것을 통제하는 '계획 경제'의 한계였지. 기업들의 생산성은 크게 떨어졌고, 국민도 살기 힘들었어. 미국과의 경쟁으로 인한 과도한 국방비 지출도 경제에 큰 부담이었지. 정치적으로도 크게 불안정했어. 미하일 고르바초프가 1985년에 집권하면서 개혁 정책인 글라스노스트(개방과 언론 자유)와 페레스트로이카(경제 재건과 구조 조정)를 추진했으나, 체제만 불안하게 만들고 말았거든. 이런 상황에서 소비에트 연방°을 구성하던 여러 공화국에서 독립을 요구하는 목소리가 계속해서 커졌어. 결국 1991년 12월 25일, 고르바초프가 대통령직에서 물러나고, 소련은 공식적

으로 해체되고 말았어. 당시 소련의 해체는 전 세계를 떠들썩하게 했지.

냉전의 종식은 국제 관계에 커다란 변화를 가져왔어. 무엇보다 양극 세계의 한 축인 소련이 붕괴되면서 미국을 유일한 초강대국으로 하는 단극 세계가 출현했다는 점을 꼽을 수 있지. 또한 동유럽과 중앙아시아 지역에 15개의 새로운 독립국이 생겨났는데, 이들 국가 중 일부는 민주주의와 시장 경제 체제로 발 빠르게 전환했는가 하면, 일부는 내전과 민족 갈등, 경제적 불안정 등으로 어려움을 겪었지. 소련의 영향력 아래 있던 동구권 국가도 큰 변화를 겪었어. 많은 동구권 국가는 서방과의 관계를 강화하고 안전을 보장받기 위해 나토와 유럽연합(EU)에 가입했어. 폴란드, 체코, 헝가리 등을 예로 들 수 있지. 또 이때 대부분의 동구권 국가는 계획 경제에서 시장 경제로 탈바꿈했어.

몇 년째 전쟁을 하고 있는 우크라이나와 러시아는 예전에는 같은 소련이었어. 지금 두 나라가 싸우고 있는 이유는 우크라이나의 나토 가입 계획과 영토 다툼 때문이지.

소련의 해체 또는 붕괴라고 일컫는 사건은 20세기 말 세계사의 큰 전환점을 만들었고, 그 여파가 현재까지도 계속되고 있다고 보면 돼.

탈식민지화와 글로벌 사우스의 부상

20세기 중반이 되면서 지구촌에는 '탈식민지화'의 바람이 거세게 불어닥치기 시작했어. 탈식민지화란 식민주의에서 벗어나는 것을 말해. 식민주의는 한 국가가 다른 국가나 지역을 정치적, 경제적, 문화적으로 지배하고 통제하는 것을 의미하지.

식민주의는 주로 15세기부터 20세기 중반까지 유럽 열강에 의해 광범위하게 이루어졌어. 예를 들면 19세기 후반부터 20세기 초까지 유럽 강국들은 아프리카 여러 국가를 식민지로 다스렸어. 영국은 인도를 포함한 여러 아시아 국가를 식민지로 삼았고, 프랑스는 베트남, 라오스, 캄보디아 등이 있는 인도차이나반도, 네덜란드는 인도네시아를 지배했지. 우리나라도 35년간 일본의 식민지라는 아픔을 겪었어.

정치적 측면에서 식민지 지배국은 군사력과 행정력을 동원해 식민지를 통치했어. 경제적인 면에서 식민지 지배국은 식민지의 천연자원과 노동력을 착취해 본국의 경제적 이익을 늘렸지. 문화적인 면에서 식민지 지배국은 자신들의 언어, 문화, 교육 시스템을 식민지 지역에 강요했어. 식민지 국가는 경제적 종속, 문화 파괴, 정치적 불안정 등으로 숱한 고통을 겪어야 했어. 일본으로부터 제국주의 식민 지배를 받던 시절 우리도 우리말과 우리글을 금지당해 일본어를 쓰고, 우리가 농사지은 쌀을 일본에 빼앗긴 채 만주에서 들어온 콩이나 조를 먹고, 청년들은 강제로 징병을 당해 일본이 벌인 전쟁에 끌려 갔지. 일본과 활발히 무역도 하고 서로 여행도 다니는 지금은 상상도 할 수 없는 일이지.

20세기 중반 제2차 세계 대전이 끝나고 제국주의가 막을 내리면서, 식민주의에 고통받던 많은 국가들은 주권 찾기에 적극적으로 나서기 시작했어. 지구촌 곳곳에서 독립 운동이 들불처럼 번졌지. 결국 아시아, 아프리카, 중동 지역의 식민지 제국들이 무너졌고, 새로운 독립 국가들이 등장했어. 1947년 인도가 영국에서 독립했고, 이후 아프리카와 아시아의 많은 국가가 1960~1970년대에 걸쳐 독립을 이뤄 냈어. 알다시피, 35년 내내 독립을 염원하던 우리나라도 1945년 일본의 식민 지배에서 벗어났지.

탈식민지화는 정치적 독립뿐만 아니라 경제적, 문화적 자립을 추구하는 과정이기도 했어. 1947년 독립 후, 인도는 농업 현대화, 산업화 등을 통해 경제적 자립을 이루고자 했지. 프랑스 식민 통치 시기, 알제리에서는 프랑스어가 공용어로 사용되었고, 프랑스식 교육과 생활 양식이 널리 퍼졌어. 1962년 독립 후, 알제리는 아랍어와 베르베르어°를 공식 언어로 채택하고, 전통 문화와 역사 교육을 강화하는 등 문화적 정체성을 회복하기 위한 노력을 기울였어. 이러한 사례들은 탈식민지화가 단순한 정치적 독립을 넘어, 경제적 자립과 문화적 정체성 회복을 통해 진정한 주권 국가로 자리

○ 북아프리카의 베르베르 민족이 쓰는 언어.

매김하는 과정이라는 것을 보여 주지.

20세기 중반 탈식민지화의 흐름과 함께 주목해야 할 또 하나의 국제적 흐름이 있어. 서구와 동구의 어느 진영에도 속하지 않은 나라들이 열강의 전통적인 지배 체제에 도전하기 시작했다는 사실이야. '글로벌 사우스(Global South)'는 남반구라는 뜻이지만 아프리카, 라틴 아메리카, 카리브해 지역, 아시아(이스라엘, 일본, 한국 제외), 오세아니아(호주 및 뉴질랜드 제외)에 있는 개발도상국과 신흥국들을 뭉뚱그려 가리키는 개념이야. 이들 국가는 전통적인 서구 열강의 패권에 도전하면서 정치적, 경제적, 문화적 독립을 추구했어.

정치적으로는 '비동맹 운동'의 등장과 확산을 들 수 있지. 이 운동의 출발에는 1955년 인도네시아 반둥에서 열린 '반둥 회의'가 있어. 인도, 이집트, 인도네시아 등 새로 독립한 아시아 및 아프리카 29개 국가의 지도자들이 참석했지. 이들은 미국과 소련 양대 세력에 휘말리지 않고, 독자적인 외교 정책을 추구하기로 합의했어.

이후 1961년 유고슬라비아 베오그라드에서 본격적으로 출범한 '비동맹 운동'은 국제 사회에서 중요한 정치 세력으로 떠올랐어. 이 운동의 초기 참여국은 유고슬라비아, 인도, 이집트, 인도네시아, 가나였어. 이후 아시아, 아프리카, 남아메리카에서 많은 국가가 합류했지. 최근에는 전 세계 120개국이 회원국으로 활동하고 있어. 이들은 대부분 개발도상국이지만, 유엔 회원국 중 2/3를 차지하며 위세를 과시하고 있지.

비동맹 운동 회원국들은 다양한 분야에서 협력 중이야. 정치적으로는 회원국들의 주권과 독립을 지키기 위해 힘을 합쳤지. 경제적으로는 무역, 기술 교류, 공동 개발 프로젝트 등의 협력을 통해 경제적 자립을 추구하며 국제 무역에서 공정한 거래 조건을 확보하기 위해 노력했지. 사회적으로는 교육, 기술, 보건, 의료 등의 분야에서 협력을 늘렸어. 또한 각국의 고유한 문화적 자주성을 보호하기 위한 협력도 중요한 과제 중 하나였어.

'글로벌 사우스' 국가들은 오랫동안 빈부 격차, 정치적 불안정, 식민주의 잔재 등 여러 어려움을 겪었어. 하지만 이들 국가가 힘을 합치면서 기존의 국제 관계는 크게 바뀌기 시작했어. 특히 보다 정의롭고, 평등하고, 포용적인 국제 질서를 만들자는 목소리가 커지기 시작했어. 미국과 소련 양대 강국이나 서구권 선진국의 영향력에 비하면 미미해 보일지 모르지만, 비동맹 운동이 국제 사회에서 갖는 의미는 결코 작지 않아.

냉전 이후 단극 체제

1991년 소련의 붕괴로 냉전이 끝나면서 국제 관계는 또 다시 요동을 쳤어. 세계 질서가 미국 중심으로 재편되어 갔기 때문이야. 미국은 군사력을 바탕으로 세계의 '경찰국가'로 등장했지. 유엔의 평화 유지 활동을 주도하고, 분쟁 지역에 군대를 파견하고, 세계 곳곳에 군사 기지를 운영하고, 나토, 미일 동맹 등 다양한 군사 동맹을 통해 국제 안보에 개입했어. 그 때문에 주권 침해, 미국 일방주의 등의 비판을 받기도 했지만, 국제 무대에서 미국의 정치적, 군사적 영향력을 막을 세력은 없었지.

미국은 또한 민주주의를 확대하려는 노력을 주도했어. 특히 나토 가입국을 늘리면서, 민주주의 제도를 동구권 등 많은 나라로 퍼뜨렸지. 상대적으로 공산주의 국가들의 영향력은 크게 줄었어. 이 같은 민주주의 제도의 확산에 대해, 미국의 정치학자 프랜시스 후쿠야마는 1989년 펴낸 《역사의 종말》이라는 책에서 자유민주주의의 승리가 인류 이념적 진화의 끝이라고 주장했어. 자유민주주의가 궁극적인 정부 형태라는 생각은 이 당시 국제기구들의 정책과 국제 정치에 큰 영향을 미쳤지.

냉전이 끝나자, 미국은 또한 서방의 자본주의 국가들과 함께 자유 무역을 촉진하는 데 앞장섰어. 이 때문에 국제적인 경제 교류가 이전과는 비교할 수 없을 정도로 증가했지. 경제 세계화는 국제 무역, 금융, 통신의 급속한 확장과 함께 냉전 이후 시대의 중요한 특징이야. 다국적 기업의 부상과 정보 기술의 확산은 역사상 유례없이 빠르게 세계 경제를 연결했어.

오늘날 우리가 아는 많은 기술 기업이 이 시기에 대거 등장하고 성장했어. 아이팟, 아이폰, 아이패드를 만드는 세계적인 회사 '애

플'도 이 시기에 성장한 회사야. 1976년 스티브 잡스와 스티브 워즈니악이 함께 창업했어. 초기에는 개인용 컴퓨터만 생산했는데, 2000년대 들어 혁신적인 모바일 제품을 많이 내놓았어. 1969년 설립된 삼성전자도 양극 체제가 풀린 이후 본격적으로 세계적인 기업으로 성장했어. 처음에는 가전제품을 주로 만들다가, 1980년대 이후 반도체, 스마트폰, 디스플레이 등 첨단 기술 분야로 사업을 확장했지. 현재 세계 최대의 온라인 쇼핑몰인 아마존도 냉전 이후에 등장했어. 1994년 제프 베이조스가 온라인 서점으로 시작한 아마존은 이후 눈부신 성장을 거듭하고 있어.

냉전 이후 인터넷과 통신 기술의 발달, 무역 자유화, 시장 확대 등을 배경으로 많은 다국적 기업들이 출현하고 성장할 수 있었지. 다만, 경제 세계화가 마냥 좋은 결과만을 가져온 것은 아니었다는 점도 기억해 줘. 무엇보다 세계화는 선진국과 개발도상국 사이의 경제 불평등을 키웠어. 선진국은 기술, 자본, 정보 등에서 우위를 바탕으로 국제 경제에서 더 많은 이익을 얻었지. 다국적 기업은 낮은 임금과 세제 혜택을 제공하는 개발도상국에 생산 시설을 세우면서도, 대부분의 이익은 본사가 있는 선진국으로 보냈거든. 개발도상국의 노동자들은 낮은 임금과 열악한 노동 조건에 시달리며, 세계화의 혜택을 제대로 얻지 못한 거지.

경제 세계화는 금융 불안을 키우기도 했어. 자본 이동이 자유로워지면서 한 국가의 금융 위기가 다른 국가로 빠르게 확산되는 일

개발도상국
선진국

이 잦아졌지. 1997년 아시아 금융 위기와 2008년 글로벌 금융 위기는 금융 시장이 서로 연결돼 있었기 때문에 일어난 일이야. 또 경제 세계화는 한 나라의 자본이 갑작스럽게 빠져나갈 수 있는 위험도 높였지. 1997년 우리나라는 외환 위기 때문에 국제통화기금, 즉 IMF(International Monetary Fund)로부터 큰돈을 빌려야 했어. 이 위기는 동아시아와 동남아시아에 불어닥친 아시아 금융 위기와 연계되어 있었고, 이 배경에는 경제 세계화가 있었어.

이 시기에는 새로운 정치적 긴장도 나타났어. 2001년 9월 11일 뉴욕 세계무역센터 빌딩, 국방부 본부 등이 테러로 파괴되었어. 미국 본토에 대한 테러 공격은 세계 안보가 불안하다는 것을 여실히 보여 줬지. 이 사건 이후 미국은 테러와의 전쟁에 나섰어. 미국은 먼저 테러의 배후인 알카에다와 그 지도자 오사마 빈라덴을 보호한 탈레반 정권을 무너뜨리기 위해 아프가니스탄을 공격했어. 이 전쟁은 2021년 미군이 철수하면서 막을 내렸지. 미국은 또한 대량 살상 무기를 가지고 있다는 의심을 바탕으로 2003년 이라크를 침공했고, 이 전쟁은 2011년까지 지속됐어. 두 전쟁 모두 대규모 인명 피해를 가져왔고, 중동 지역의 정치적 불안정을 크게 높였지.

소련의 해체는 동구권과 중동의 정세를 불안하게 만드는 결과로 이어졌어. 소련 해체와 비슷한 시기에 유고슬라비아가 무너지고 슬로베니아, 크로아티아, 보스니아 헤르체고비나, 마케도니아 등이 독립을 선언했지. 이 과정에서 민족 간 갈등이 심화되어 보스니아 전쟁(1992~1995년)과 코소보 전쟁(1998~1999년)과 같은 치열한 분쟁이 일어났어. 또 소련 해체 이후, 국제 테러가 증가하고 시리아 내전(2011~2024년) 같은 지역 분쟁이 잦아졌어.

현대의 다극 체제

오늘날의 국제 관계는 '다극 체제'로 불려. '다극'이란 힘의 중심축이 여럿 있다는 말이야. 21세기 초, 세계는 미국 중심의 구조에서 여러 나라가 힘을 발휘하는 다극적 국제 체제로 바뀌었어. 새로운 경제 및 정치 주체들이 국제 무대에 등장했고, 특정 지역을 기반으로 한 세력도 부활했어.

미국의 독주를 막고 다극화 체제로 나아가게 된 가장 큰 요인은 중국의 급부상이야. 21세기 유례없는 급속한 성장과 발전을 바탕으로, 중국은 순식간에 세계 최강국 반열에 올랐어. 국제 문제에 대한 중국의 주장은 경제적 영향력과 결합되어 미국의 패권에 도전하기 시작했지. 2013년 중국은 '일대일로(一帶一路)' 정책을 시작했는데, 이는 중국, 동남아시아, 중앙아시아, 북아프리카, 유럽을 철도, 도로, 해로 등으로 잇는 정책을 말해. 이런 인프라를 이용해 국제 정치와 경제의 주도권을 잡겠다는 게 중국의 야망이야.

동시에 냉전 시대 이후 힘을 잃었던 러시아도 다시 부상하고 있어. 2014년 우크라이나 땅이던 크림반도를 점령하면서, 냉전 시대의 패권을 회복하려는 의지를 드러냈지. 2022년 2월 시작한 우크라이나에 대한 공격도 강대국의 지위를 되찾으려는 러시아의 의지라고 볼 수 있어. 러시아 서쪽 국경을 접하고 있는 우크라이나는 지리정치학적(지정학적)으로 러시아에 매우 중요해. 그런데 우크라이나가 서방의 군사 동맹인 나토에 가입하려 하자, 러시아는 이를 구실로 전쟁을 시작한 거야. 러시아의 예상과 달리, 서방 국가들이 우크라이나에 대한 군사적, 경제적 지원을 늘리면서 전쟁은 길어지고 있어. 전쟁이 어떻게 끝날지는 알 수 없지만, 전쟁 이후 세계 정세는 또다시 변할 거야.

중국과 러시아 외에 다른 지역 강대국도 현재의 다극적 지형을 형성하는 데 큰 역할을 하고 있어. 인도의 꾸준한 경제 성장과 국제적 위상은 매우 놀랍지. 신흥 강국 브라질, 남아프리카 공화국 등도 세계 권력의 다각화에 기여하고 있어.

현대 기술 혁명도 다극 체제를 더욱 복잡하게 만들고 있는 요인이야. 정보 기술, 사이버 공간, 인공 지능이 정치, 경제, 사회에 막강한 영향력을 미치고 있어. 다국적 기업과 초국적 단체들이 국제 문제에 큰 영향력을 행사하며, 이전까지 국가 중심으로 형성됐던 국제 관계가 아주 복잡해지고 있어.

다극 체제에서는 자원 경쟁, 지정학적 경쟁, 군사적 갈등이 더 커질 수 있어. 단일한 지배 세력이 없기 때문이지. 따라서 외교와 국제 협력에서 이전보다 더 신중하고 정교한 접근이 필요해. 국제 기구들은 다극 체제에 적응하기 위해 노력하고 있어. 가령, 유엔은 현재의 권력 구조를 더 잘 반영하기 위한 방안을 계속해서 논의 중이지. 상하이협력기구, 아프리카연합과 같은 지역 기구들도 지역 과제를 해결하고 회원국 간 협력을 촉진하기 위해 바쁘게 움직이고 있어.

역사를 돌이켜 보면 국제 관계의 형성에는 수많은 요소가 작동하고 있다는 것을 짐작할 수 있어. 강대국 간의 패권 갈등, 지정학적 요인들, 신흥국들의 등장, 동맹의 형성과 변화, 기술 혁명 등. 중요한 것은 인류는 지구라는 한 공간에서 같이 어울려 살아가야 한다는 점이야. 그러기 위해서는 서로에 대한 이해와 존중 그리고 상호 협력이 매우 중요해.

앞으로 국제 관계가 어떻게 변할지 쉽게 예상할 수는 없지만, 지금보다 더 포용적이며, 정의롭고, 협력적인 세계 질서를 만들기 위해 모든 나라가 노력해야 해. 우리나라도 이 과정에서 매우 중요한 역할을 하게 될 거야.

3

국제기구들은 어떤 역할을 할까?

세계는 정치, 경제, 사회, 문화, 환경 등 여러 면에서 연결돼 있어. 어떤 문제가 발생하면 한 나라의 노력만으로 해결되지 않는 경우가 많아. 국제기구는 국가 간의 대화와 협력을 돕는 단체야. 국제기구를 중심으로 여러 나라가 함께 문제를 해결하고 세상을 더 좋은 곳으로 만들 수 있는 거지.

2019년 말 발생한 코로나19 바이러스는 전염력과 치사율이 모두 높은 위험한 바이러스였어. 전염병은 늘 위험하지만, 전 세계가 촘촘한 교통망으로 이어진 오늘날은 더욱 위험하지. 코로나19에 감염된 환자가 비행기를 타고 여행을 한다면, 비행기에 탄 탑승자 모두와 여행지에서 만나는 사람을 전염시킬 수 있으니까 말이야. 새로 발견된 바이러스인 만큼 예방할 수 있는 백신도, 치료제도 없는 코로나19 바이러스를 퇴치하기 위해서는 모든 국가의 협력이 필요했는데, 세계보건기구(WHO)가 중심 역할을 하며 협력을 만들어 냈어. 세계보건기구는 코로나19에 대한 과학적 데이터를 전 세계에 제공하며, 진단 키트, 마스크, 개인 보호 장비 등의 배포를 지원했고, 백신을 전 세계에 공평하게 배분하려고 노력했지.

이렇게 국제기구는 특히 국경을 넘어서는 문제들을 해결하는 데 필수적이야.

평화와 안보 유지

세계 평화와 안보를 지키는 가장 대표적인 국제기구는 국제 연합, '유엔(UN)'이지. 1945년 유엔의 창설은 국제 평화와 안보를 지키겠다는 국제 사회의 굳은 의지를 담고 있어. 유엔은 분쟁을 예방하고, 갈등을 중재하며, 평화를 유지하는 역할을 해. 특히, 유엔의 핵심 기관인 안전보장이사회는 국제 평화와 안보 유지에 대한 일차 책임을 맡고 있어.

이를 위해 유엔은 평화유지군을 운영하고 있지. 평화유지군은 주요 분쟁 지역이나 재난 지역에 파병되어, 분열을 메우고, 갈등 당사자들 사이에 신뢰를 만들고, 외교적 해결의 길을 제시하면서 지속적인 평화에 도움이 되는 국제 관계를 만들어. 또 평화유지군은 분쟁 지역을 감시하고, 구호 물자 지원이나 도로 건설과 같은 인도적 지원을 하는 등 사회 기반 시설의 재건을 돕기도 하지.

유엔

세계은행 / 국제통화기금

유니세프/세계식량계획/유엔난민기구

세계 보건 기구

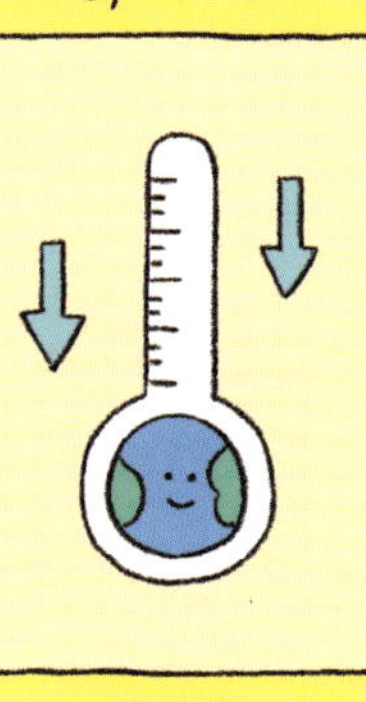

유엔 기후 변화 협약

세계 무역 기구

유네스코

국제노동기구

유엔 인권고등판무관실

경제 발전과 협력

경제 관련 국제기구로는 세계 경제 안정에 기여하는 것을 목표로 하는 '세계은행(World Bank)'과 '국제통화기금(IMF, Internmational Monetary Fund)'을 들 수 있어. 이들은 사회 기반 시설 건설, 빈곤 퇴치, 경제적 안정을 지원하는 데 핵심적인 역할을 하고 있지.

세계은행은 지속 가능한 경제 발전을 돕는 국제기구야. 주로 소득 수준이 낮거나 중간 정도인 나라에 돈을 빌려주고 경제 관련 전문 지식을 제공하는 일을 해. 또한 정부, 민간 기관, 시민 단체 간의 협력을 촉진해서 빈곤 감소 등 국제적으로 중요한 과제 해결에 앞장서고 있어.

국제통화기금은 국제 통화 체제를 안정시키는 데 중요한 역할을 하는 국제 금융 기관이야. 주로 단기적으로 경제적 어려움을 겪고 있는 나라에 돈을 빌려주지. 또 각국에 바람직한 경제 정책을 제시해서 경제 위기를 막을 수 있도록 도와줘. 우리나라는 1997년 국제통화기금으로부터 돈을 빌려 당시의 외환 부족 위기를 벗어날 수 있었어.

1997년 우리나라의 외환 위기는 왜 일어났을까? 먼저 단기 외채의 증가를 꼽을 수 있어. 단기 외채란 주로 1년 이내에 갚아야 하는 외국 빚을 말해. 단기 외채가 늘어난 데 비해 우리나라에서 가지고 있던 외화는 한정돼 있었기 때문에 제때 외국 빚을 못 갚는 기업들이 많아졌지.

부동산과 주식 시장의 거품이 꺼진 것도 외환 위기의 직접적 원인이야. 1990년대 초중반, 우리나라에서는 부동산 가격과 주가가 크게 올랐어. 많은 개인과 기업들이 부동산과 주식에 많은 돈을 투자했고 금융 기관들은 이들에게 돈을 빌려줬지. 문제는 1997년 외환 위기가 본격화되면서 부동산과 주식 가격이 크게 떨어졌다는 거야. 이로 인해 많은 투자자와 기업들이 큰 손해를 보고, 은행에서 빌린 돈을 제때 갚지 못하게 되었어. 받아야 할 돈을 받지 못한 은행이 힘들어지게 된 것은 뻔하지. 은행들이 어려워지면서, 많은 기업은 투자를 위해 필요한 돈을 제대로 빌릴 수 없게 되었어. 악순환의 고리가 만들어진 셈이지. 결과적으로 우리 경제는 큰 위기를 맞게 된 거야.

당시 크고 작은 수많은 기업이 문을 닫았어. 문을 닫은 은행도 여럿이었지. 기업이 사라지면서 직장을 잃은 사람들도 아주 많았어. 결국 우리 정부는 1997년 국제통화기금 등 국제 사회로부터 580억 달러(약 98조 6천억 원)라는 큰돈을 빌렸어. 대신 국제통화기금은 구조 조정, 금융 개혁, 노동 시장 유연화 등을 조건으로 내걸었어. 이후 우리나라에서는 기업 구조 조정과 금융 개혁이 본격적으로 진행되었지. 뼈를 깎는 노력으로 우리나라는 2001년 외환 위기를 벗어날 수 있었어. 정말 다행이었지.

인도적 지원 및 사회

나라에 위기가 닥칠 때 사회는 혼란에 빠지고 국민은 힘들 수밖에 없어. 정부는 최선을 다하겠지만 한계에 부딪힐 수도 있지. 이런 경우, 국제기구가 나서 준다면 큰 도움이 되겠지?

긴급한 위기 상황에 도움을 주는 대표적인 국제기구는 유엔 산하의 '세계식량계획(WFP, World Food Programme)'이야. 세계 곳곳의 배고픈 사람들을 돕고 있지. 식량 부족에 시달리는 가정에 식료품을 제공해 굶주림을 막고, 사람들이 건강하게 성장하고 생활할 수 있도록 도와주는 거야. 또 지속적으로 식량을 지원하면서 그 국가가 다시 스스로 식량을 생산할 수 있는 능력을 키울 수 있도록 돕고 있지.

보통 유니세프라고 부르는 '유엔 아동기금(UNICEF, United Nations Children's Fund)'은 여러분의 행복과 직접 관련이 있는 국제기구야. 전 세계 어린이의 복지를 늘리는 게 목표야. 유니세프는 어린이에게 예방 접종, 충분한 식품 공급, 교육 등의 서비스를 제공해. 아동을 착취, 폭력, 차별로부터 보호하는 것도 유니세프의 주요 임무야.

'유엔 난민고등판무관실(UNHCR, United Nations High Commissioner for Refugees)'은 전 세계 난민의 보호와 지원을 담당하는 국제기구야. '유엔 난민기구'로 불리기도 해. 1950년 유엔 총회에서 설립됐지. 이 기구는 국제적 기준에 따라 난민의 인권을 적극적으로 보호해. 또한 난민들이 안전한 피난처를 찾거나, 자발적으로 귀국하거나, 제3국에 재정착할 수 있도록 지원하고 있어. 그때까지 식량, 물, 집, 의료 서비스 등을 제공하지. 난민 문제의 심각성을 알리고, 국제 사회의 협력을 촉구하는 일도 중요 임무 가운데 하나야. 쉽게 말해 전 세계 난민의 권리와 생명을 보호하는 중요한 일을 맡고 있어.

건강 증진 및 질병 통제

전염병을 막고, 질병 확산을 방지하며, 공중 보건을 개선하기 위해 노력하는 국제기구도 있어. 대표적인 것이 유엔 산하의 '세계보건기구(WHO, World Health Organization)'야. 국제 공중 보건을 전담하는 유엔 전문 기관이지. 세계의 모든 사람이 건강을 누리는 것이 목표야. 질병을 퇴치하고 예방 활동을 펼치지. 이를 위해 회원국에 지속적인 지원을 해. 또 감염병 발생이나 기타 보건 비상사태를 대비해 조기 경고 시스템을 운영하고, 비상사태 발생 시, 필요한 의료 물자, 인력, 자금 등을 신속히 지원하지.

이 기구는 전염병 확산을 막기 위한 국제적인 보건 규약도 만들어. 질병 진단, 치료, 예방에 대한 표준을 설정해 전 세계적으로

일관된 보건 서비스를 제공할 수 있도록 이끌고 있어. 주요 질병의 원인, 전파 경로, 예방 및 치료 방법에 대한 연구도 진행해. 예를 들어 코로나19, 말라리아, 결핵 등에 대한 연구를 주도하고 있지. 세계보건기구는 보건 정책과 프로그램을 평가하고 개선 방안을 제시하는 일도 해. 개발도상국의 보건 시스템을 개선하기 위해 의료 인력 교육 및 기술 제공 등의 지원도 하고 있지. 세계보건기구는 전 세계인의 건강을 위해 노력하는 기관이라고 이해하면 돼.

환경 보호 및 지속 가능한 개발

어떤 국제기구들은 지속 가능한 개발을 촉진하고 기후 변화를 줄이기 위한 노력에 집중하고 있어. '유엔 기후변화협약(United Nations Framework Convention on Climate Change)'이 대표적이야. 기후 변화라는 전 지구적인 문제를 해결하기 위한 핵심 국제 조약이지. 기후 변화에는 국경이 없으며, 그 영향을 줄이기 위해서는 국제적인 공동 노력이 필수야. 유엔 기후변화협약은 국가들이 온실가스 배출을 줄이고, 기후 변화의 영향에 대응하고, 지속 가능한 발전을 이룰 수 있도록 이끌고 있거든. 2015년 이 협약에 따라 채택된 '파리 협정'에서 참여국들은 지구의 평균 기온 상승을 산업화 이전 대비 2℃ 이하로 제한하자는 데 동의했어. 또한 각국은 자발적으로 온실가스 감축 목표를 세우기로 합의했지.

이는 전 세계가 기후 변화에 공동 대응하기 위한 최초의 보편적인 합의지만, 각국의 목표와 계획이 충분히 강력하지 않다는 비판도 있어.

무역 및 경제 협력

국제 무역은 세계 경제의 원동력이야. 하지만 경제적 이익이 달려 있는 만큼 각국은 무역 문제에 매우 예민해. 무역 갈등도 자주 발생하지.

'세계무역기구(WTO, World Trade Organization)'는 무역을 촉진하고, 분쟁을 중재하고, 무역의 국제 규칙을 만드는 국제기구야. 무엇보다 나라들이 물건을 사고팔 때 공정한 규칙을 따르도록 하고, 각 나라가 안전하게 무역할 수 있도록 도와주지. 또 차별 금지, 투명한 거래, 공정한 경쟁을 장려하면서 무역 협정을 관리하고, 회원국들의 무역 관련 정책을 정기적으로 검토하지. 무역 갈등을 해결하고, 무역 보복을 막는 것도 중요한 임무야. 최근 두 경제 강국인 중국과 미국 간에 무역 분쟁이 계속되고 있는데, 세계무역기구는 두 나라의 대화와 협상을 유도하고 있어.

문화 이해와 교육 교류 증진은 국제기구의 또 다른 기능이야. 교육, 과학, 기술 분야에서 격차를 줄이고, 상호 교류를 늘리고, 협력을 강화하는 일이 필요해. 유네스코 즉 '유엔 교육과학문화기구, (UNESCO, United Nations Educational, Scientific and Cultural Organization)'는 교육, 과학, 문화 분야에서 국제 협력을 늘리는 데 전념하는 기관이야.

먼저 유네스코는 전 세계 모든 사람이 평등하게 양질의 교육을 받을 수 있도록 다양한 교육 프로그램을 개발하고 지원해. 특히 개발도상국의 교육 기회를 늘리기 위해 노력하고 있지. 장애인, 소수 민족, 여성, 아동 등 소외된 집단이 교육을 받을 수 있도록 지원하고 있어.

유네스코는 또한 전 세계적으로 중요한 문화유산을 보호하기 위해 세계문화유산 목록을 작성하고, 이를 보호 및 보존하는 활동을 지원하고 있어. 우리나라의 석굴암과 불국사, 해인사 장경판전, 종묘, 고창·화순·강화의 고인돌 유적, 조선 왕릉 등이 세계문화유산으로 등재돼 있어. 이들 유산은 한국의 역사, 문화, 건축, 예술을 잘 보여 주는 중요한 자산이야. 이외에도 판소리, 강릉단오제 등 23건의 무형문화유산과 훈민정음 해례본, 조선왕조실록 등 20건의 기록유산도 유네스코에서 관리하는 유산으로 등재되어 있지.

유네스코는 또한 언론의 자유와 독립을 옹호하고, 언론인 보호와 안전을 위한 프로그램을 운영하고 있어. 모든 사람이 자유롭게 필요한 정보에 접근하고 이용할 수 있도록 돕는 교육도 진행 중이지. 유네스코는 예술가, 작가, 학자 등이 자유롭게 의사를 표현하는 것을 지원하며, 검열에 맞서 싸우기도 해.

유네스코는 기초 과학부터 응용 과학까지 다양한 과학 연구도 지원하고 있어. 이를 통해 인류의 삶의 질을 높이자는 게 목표야. 과학 교육 프로그램을 개발하고 과학 박물관과 센터를 운영함으로써, 모든 사람이 과학적 사고를 기를 수 있도록 지원하고 있지. 유네스코는 국제 과학 회의 개최, 공동 연구 프로젝트 지원 등을 통해 과학자들 간의 국제 협력도 장려하고 있어.

유네스코는 이와 같은 활동을 통해 전 세계적으로 교육, 문화, 언론, 과학 분야에서 인류의 발전을 도모하고, 평화와 번영을 추구하고 있어.

노동권과 사회 정의

인간은 누구나 일할 수 있는 권리가 있어. 일을 해서 수입이 생겨야 자신과 가족을 돌볼 수 있지. 그만큼 노동은 우리 삶에 매우 중요해. 하지만 종종 노동자들이 차별을 받거나 소중한 권리를 빼

앗기는 일이 발생해. 유엔 산하의 '국제노동기구(ILO, International Labour Organization)'는 노동자들을 보호하고 권리를 지켜 주는 국제기구야. 구체적으로 아동 노동, 강제 노동, 차별, 작업장 안전 등에 대한 협약과 권고를 통해 국제 노동 기준을 만들고 있지.

국제노동기구는 우선 아동 노동을 막기 위한 여러 협약을 만들었어. 대표적으로 '취업의 최저 연령에 관한 협약(1973년)'과 '가혹한 형태의 아동 노동 금지와 근절을 위한 즉각적인 조치에 관한 협약(1999년)'이 있어. 이 협약들은 아동 노동을 규제하고, 최악 형태의 아동 노동(인신매매, 성 착취, 위험한 작업 등)을 엄격하게 금지해. 어린이에게는 놀 권리, 교육받을 권리가 있잖아. 어린이가 집안 형편 때문에 돈을 꼭 벌어야 한다고 해도, 최소한의 아동 인권을 보장받으며 일을 할 수 있도록 해야 한다는 거야.

국제노동기구는 강제 노동의 근절에도 앞장서고 있어. '강제 또는 의무 노동에 관한 협약(1930년)'과 '강제 노동의 폐지에 관한 협약(1957년)' 등을 근거로, 모든 형태의 강제 노동을 금지하고, 강제 노동 피해자들을 돕는 프로그램을 회원국들이 마련하도록 유도하고 있어. 국제노동기구는 고용과 직업에서의 차별을 금지하기 위해 '고용 및 직업상 차별에 관한 협약(1958년)'도 제정했어. 이 협약은 인종, 피부색, 성별, 종교, 정치적 견해, 출신 국가, 사회적 신분 등의 이유로 차별하는 것을 금지해.

작업장 안전과 관련된 협약으로는 '산업 안전 보건과 직업 환경에 관한 재해 예방 협약(1981년)'과 '산업 안전 보건 증진 체계에 관한 협약(2006년)'을 꼽을 수 있어. 이 협약들은 작업장의 안전과 건강을 보호하기 위한 정책을 마련하고, 예방 조치를 강화하며, 사고 발생 시 적절한 대응을 하도록 권고하지.

국제노동기구는 이와 같은 협약과 권고를 통해 국제 노동 기준을 만드는 데 앞장서고 있어. 협약은 법적 구속력이 있는 문서로, 각국이 비준°하면 해당 국가에서 법률로 적용돼. 국제노동기구는 또한 회원국들이 노동 기준을 준수할 수 있도록 법률 자문, 교육 프로그램 운영, 전문가 파견 등의 서비스를 제공하고 있어.

우리나라는 1991년에 국제노동기구에 가입했고, 국제노동기구가 채택한 191개 협약 중 '동일 가치 동일 보수에 관한 협약', '가혹한 형태의 아동 노동 금지와 근절을 위한 즉각적인 조치에 관한 협약(1999년)' 등 30개의 협약을 비준했어.

○ 조약을 헌법상 조약 체결권자가 최종적으로 확인 및 동의하는 절차. 우리나라는 대통령이 국회의 동의를 얻어 비준한다.

인권 보호

'유엔 인권최고대표사무소(OHCHR, Office of the United Nations High Commissioner for Human Rights)'는 인권을 보호하는 데 전념하는 국제기구야. '유엔 인권고등판무관실'이라고 부르기도 해. 전 세계 인권 상황을 감시하고, 인권 보호가 필요한 사람들에게 지원을 제공하는 것이 기본 임무지. 시민 단체, 비정부 기구 그리고 각국 정부와 협력해 국제 인권 기준이 지켜지도록 노력하고 있어. 이 기구는 또한 차별이나 학대, 가혹 행위 등의 반인권적 관행을 없애는 데도 앞장서고 있지.

국제기구들은 여러 분야에 걸쳐 세계적 과제를 해결하고 국가 간 협력을 이끄는 데 필수적인 역할을 하고 있어. 평화와 안보 유지, 경제 발전 촉진, 건강 위기 해결, 기후 변화 완화, 국제 무역 촉진, 노동권과 인권 보호 등, 각 분야의 전문성을 가진 국제기구들이 있어서 우리는 보다 안정적이고, 평화로우며, 공평하고, 지속 가능한 세상에서 살 수 있지. 기후 변화, 테러의 증가, 글로벌 보건 위기 등 새로운 과제들이 계속해서 등장하는 현대 세계에서 국제기구의 역할은 더욱 중요해질 거야.

4

국가 간 분쟁과 갈등, 어떻게 해결할까?

친구 사이에 가끔 다툼이 있듯이 나라들도 서로 다툴 때가 있어. 나라 간의 갈등은 대화로 풀리기도 하지만, 대화 이상의 노력이 필요한 경우도 많아. 전쟁이나 테러 등 심각한 형태의 국제 갈등이 일어나면 해법을 찾기가 매우 어렵지.

전쟁은 영화의 단골 소재야. 그만큼 인류 역사에서 전쟁이 많았다는 말이지. 역사적으로 국가들은 영토 분쟁, 역사적 불만, 자원 경쟁, 이념 차이, 권력 투쟁 등 다양한 이유로 전쟁을 벌였어. 전쟁의 피해는 말로 다 표현할 수가 없어. 인명 피해만 봐도 어마어마해. 사망자 수를 보면 제1차 세계 대전(1914~1918년)에서만 1600만~2천만 명, 제2차 세계 대전(1930~1945년)에서는 무려 6천만~8천만 명이 목숨을 잃었지. 우리나라 인구가 5천만 명이 조금 넘는 걸 생각하면, 전쟁이 얼마나 큰 상처를 남기는지 짐작할 수 있겠지?

현대에 들어와 국가 간 전쟁은 줄어들고 있어. 이는 국가들이 정치·경제적으로 이전보다 더 깊은 관계를 맺고 있기 때문이야. 다른

진정해
유엔
갈등
경제
정치

나라와 더 많은 무역을 해야 하는 상황에서 전쟁을 벌이기는 어렵겠지? 또 외교 전략이 발전하고 유엔 같은 국제기구들이 설립되면서 전쟁으로 이어질 수 있는 갈등을 풀어내고 있어.

현대에 들어 전쟁의 횟수는 줄어들었다고 해도 세계 곳곳에서는 지금 이 순간에도 크고 작은 전쟁들이 진행되고 있어. 러시아-우크라이나 전쟁, 이스라엘-하마스 전쟁, 태국-캄보디아 갈등이 최근의 사례들이지. 뉴스에 잘 나오지 않지만, 아프리카 대륙 여러 곳에서도 전쟁이 계속되는 중이야.

전쟁을 막기 위해 국제 사회는 여러 가지 노력을 해. 그 가운데 외교는 가장 중요하고 효율적인 수단이야. 협상, 평화 조약, 국제기구를 통한 중재 등을 이용하지. 유엔은 안전보장이사회와 평화유지군을 통해 분쟁을 예방하고 해결하기 위해 노력하고 있어.

두 가지 사례를 통해서 외교가 국제적 분쟁 해결에 얼마나 중요한지 설명해 줄게.

첫 번째 사례는 앞에서도 살펴본 '쿠바 미사일 위기' 협상이야. 1962년 10월 16일, 미국 정찰기가 쿠바에서 소련이 미사일 기지를 건설 중인 것을 발견하면서, 미국과 소련은 핵전쟁 위기로 치달았어. 미국의 케네디 대통령은 소련이 이 미사일 기지를 완공한다면 미국에 선전포고를 하는 것이나 마찬가지이며, 제3차 세계 대전이 일어날 것을 각오하라며 엄포를 놓았어. 10월 26일 소련 지도자 니키타 흐루쇼프는 케네디 대통령에게 편지를 보내, 미사일을 철수할

테니 대신 미국은 쿠바를 침공하지 않겠다는 약속을 하라고 요구
했어. 다음 날 소련은 튀르키예에 배치된 미국의 미사일 철수를 추
가로 요구했지. 그러자 미국의 로버트 케네디 법무장관과 소련의
안드레이 그로미코 외무장관이 비밀리에 만났어. 두 나라가 한 발
씩 양보해 협상하면서 핵전쟁 위기는 진정되었지. 소련은 쿠바에
서 미사일을 철수하고, 미국은 쿠바를 침공하지 않겠다고 공개적
으로 약속했어. 또한 양국은 비공식적으로 튀르키예에 배치된 미
국 미사일도 철수하기로 합의했지. 이 외교 협상은 이후 미-소 간
의 핵무기 제한 협상이 시작되는 계기가 되었어.

두 번째 사례는 '데이턴 협정(1995년)'°이야. 이 협정은 1990년대
초 발칸반도°에서 발생한 복잡하고 폭력적인 갈등을 지혜롭게 해결
했어. 당시 발칸반도의 대부분을 차지하고 있던 유고슬라비아 사
회주의 연방공화국이라는 큰 나라가 해체되면서, 이 나라의 기둥
이었던 보스니아인, 크로아티아인, 세르비아인들이 격렬하게 다투
기 시작했어. 숱한 잔혹 행위와 강제 이주 등이 뒤따랐지.

데이턴 협상은 미국 오하이오주 데이턴의 라이트-패터슨 공군
기지에서 열렸어. 회담에는 보스니아 헤르체고비나, 크로아티아,
유고슬라비아 연방공화국 대표가 참석했지. 주요 목표는 적대 행

위를 끝내고 영토 경계를 만들고, 지속 가능한 평화를 위한 틀을
구축하는 것이었어. 21일간의 마라톤 회담 끝에 참석자들은 마침
내 타협에 이르렀지. 1995년 12월 체결된 데이턴 협정으로 발칸
반도 분쟁은 끝났어. 그 결과, 보스니아 헤르체고비나는 '보스니아
헤르체고비나 연방'과 '스릅스카 공화국'이라는 두 개의 정치적 구
성체로 이뤄진 연방 국가가 되었지.

그런데 유럽에 있는 발칸반도의 분쟁을 멈추는 협상을 왜 멀리
떨어진 미국에서 했을까? 발칸반도의 평화를 바라는 마음은 당사
국들만 가진 게 아니었고, 각각의 이익이 얽힌 당사국들만으로는
협상이 어려웠기 때문이야. 이 협상이 타결된 데는 미국, 러시아,
영국, 프랑스, 독일, 유럽연합 등 여러 중재국의 오랜 노력이 큰 역
할을 했어.

두 경우 모두, 협상가들은 갈등의 근본 원인을 해결하고, 열린
대화에 도움이 되는 환경을 조성하고, 갈등 당사자들 간의 신뢰를
구축하는 것이 중요하다는 점을 인식했어. 또한 중재자의 개입이
분쟁 협상에 중요하다는 것을 보여 줬지. 여기서 교훈은 모든 분쟁
해결에 적합한 단일한 방식은 없다는 점이야.

외교는 끈기, 열린 마음 그리고 당면한 갈등의 문화적, 역사적
맥락에 대한 예리한 이해가 필요해. 공식 및 비공식 협상에 참여
할 수 있는 유연성, 즉각적인 고민과 근본적인 불만을 모두 해결
할 수 있는 능력, 중립적인 제3자를 대화에 참여시키려는 의지도

매우 중요하지.

외교적 노력은 국제 관계의 중요한 수단이지만, 국제 갈등은 종종 외교적 노력 이상을 요구하는 일도 있어. 이스라엘과 팔레스타인 간의 갈등을 중재한 '오슬로 협정(1993년)'은 당시에는 성공적인 외교로 평가받았지만, 갈등을 근원적으로 해결하지는 못했어. 현재도 이스라엘과 하마스 간에 전쟁이 계속되고 있어.

이스라엘과 팔레스타인은 갈등의 골이 아주 깊어. 고대부터 유대인은 팔레스타인 지역에서 살았지만, 로마 제국 때 이 지역에서 추방당해 전 세계로 흩어졌어. 19세기 말 유대인들은 유럽에서 반유대주의가 심화되자, 유대인 국가 건설을 추진하기 시작했어. 이들은 팔레스타인 지역을 고대 이스라엘 왕국의 땅으로 간주하고, 이곳에 유대인 국가를 세우고자 했지.

제1차 세계 대전 이후 팔레스타인은 영국이 임시로 통치하고 있었어. 유대인들은 영국을 설득했고, 영국은 1917년 팔레스타인에 유대인 민족 국가를 건설하는 것을 지지한다고 밝혔어. 비극의 씨앗이 뿌려진 셈이지. 제2차 세계 대전 이후 유대인들이 대거 팔레스타인으로 이주하면서 유대인 이주민과 아랍인 원주민 사이의 갈등이 커졌어. 이에 유엔은 1947년 팔레스타인을 유대인 국가와 아랍 국가로 분할하는 결의안을 통과시켰어. 이 계획에 따르면 유대인은 전체 팔레스타인 땅의 약 56%를, 아랍인은 나머지 44%를 차지하는 거야.

1948년 5월 14일 이스라엘은 공식적으로 독립을 선언했어. 그런데 독립 선언을 하자마자 이웃 아랍 국가들이 이스라엘을 공격했지. 하지만 이 전쟁에서 이스라엘이 승리하면서 팔레스타인에서 더 많은 영토를 확보했어. 결국 그 땅에 살고 있던 70만 명의 팔레스타인 사람들은 난민이 되어 쫓겨날 수밖에 없었지.

1967년 제3차 중동 전쟁에서 이스라엘은 더 많은 팔레스타인 땅을 얻었어. 그해 5월, 이집트는 이스라엘 선박의 티란 해협° 통과를 막았고, 이집트는 시나이반도에 대규모 군대를 배치했지. 요르단과 시리아도 군사력을 강화했어. 이에 이스라엘은 이집트 공군 기지를 기습 공격해 이집트의 항공기들을 대부분 파괴해 버렸지. 이스라엘은 또한 시나이반도, 요르단강 서안, 가자 지구, 골란고원에서 지상 작전을 펼쳐, 신속하게 이 지역들을 점령했어. 전쟁은 6일 만에 이스라엘의 승리로 끝났고, 팔레스타인 사람들의 거주지는 더욱 줄어들었지. 유엔 안전보장이사회는 결의안 242호°를 통해 이스라엘이 점령지에서 철수할 것을 촉구했으나 이스라엘은 거부했어.

두 민족의 갈등을 풀기 위해 국제 사회는 여러 차례의 외교적 평화 협상을 시도했어. 특히 1993년 이스라엘과 팔레스타인해방

○ 이집트와 사우디아라비아 사이. 아카바만과 홍해를 잇는 좁은 해협.

○ 이스라엘이 1967년 전쟁에서 점령한 영토의 즉각적 반환을 촉구하고, 전쟁으로 인한 영토 불인정, 모든 국가의 주권·영토 보전, 무력 사용 금지 등 평화적 해결 원칙 명시.

기구(PLO, Palestine Liberation Organization)가 체결한 '오슬로 협정'이 주목을 받았지. 노르웨이 오슬로에서 열린 협상은 기밀 유지라는 외교 전략을 선택했어. 협상 결과, 이스라엘과 팔레스타인은 서로를 공식적으로 인정하기로 합의했어. 이후 팔레스타인은 임시정부를 수립했지. 이스라엘은 팔레스타인인들이 거주하고 있는 가자 지구와 서안 지구 일부에서 군대를 철수하기로 약속했어. 서로 조금씩 양보하고 공존하기로 한 거야.

하지만 시간이 지난 지금 살펴보면, 협정의 많은 부분이 실행되지 않았어. 결국 이후에도 두 민족 간의 갈등은 계속되었지. 가장 최근에는 2023년 10월 7일 가자 지구를 통치하고 있는 정치 단체 하마스가 이스라엘을 공격하면서 시작된 하마스와 이스라엘 간의 전쟁이 지금도 지속되고 있어. 이 전쟁으로 (2025년 11월 기준) 이스라엘인 1,983명, 팔레스타인인 70,100명이 목숨을 잃었어. 유엔을 비롯한 국제 사회가 오랫동안 여러 차례 휴전을 제안한 끝에 2025년 10월 마침내 협상을 시작했지만 언제쯤 평화가 찾아올지 아무도 예측할 수 없는 상태야. 안타까운 일이지.

글로벌 테러

전쟁만큼 무서운 게 테러야. 국경을 초월하고 기존의 전쟁 규범을 무시하는 테러는 국제 사회에서 큰 골칫거리지. 특히 2001년 9.11 테러 이후, 국제 사회는 테러에 대해 아주 단호해졌어. 미국과 동맹국들이 주도한 테러와의 전쟁은 조율된 국제적 대응의 필요성을 보여 줬다고 할 수 있어.

예를 들어 볼까? 2014년 등장한 '이라크·시리아 이슬람 국가(ISIS)'라는 단체가 있어. 이 단체의 기원은 2000년대 초반 알카에다 이라크 지부야. 알카에다는 미국에서 9.11 테러를 일으킨 이슬람 테러 단체지. 2003년 미국이 이라크를 침공해 사담 후세인 정권이 붕괴하자 알카에다 이라크 지부는 세력을 크게 늘리면서 ISIS를 설립했어. 그 뒤 2011년 시리아 내전이 발발하자, ISIS는 그 혼란을 틈타 세력을 시리아까지 확장했지. ISIS의 주요 목적은 샤리아(이슬람법)를 기반으로 한 이슬람 국가를 수립하는 것이었어.

ISIS는 폭력과 테러를 통해 영토를 확장하고, 세계적으로 영향력을 확대하려고 했어. 프랑스 파리, 미국 올랜도, 튀르키예 이스탄불 등 여러 곳에서 대규모 테러를 일으켜 수많은 사람들의 목숨을 앗아 갔지. ISIS의 폭력으로 시리아와 이라크에서는 수백만 명의 난민이 발생했어. 석유 밀매, 인신매매, 불법 무기 거래 등으로 자금을 조달했고, 이슬람의 해석을 따르지 않는 문화와 역사를 없애려 했어.

국제 사회는 군사적, 외교적, 경제적 수단을 통해 ISIS를 억제하려고 부단히 노력했지. 'ISIS 반대 연합'의 결성은 초국가적 테러

조직이 가하는 위협에 대처하기 위한 국제 사회의 공동 노력을 보여 주는 사례야. 2014년 9월에 미국 주도로 결성되었고 80여 개의 국가와 국제기구가 참여했어.

ISIS 반대 연합 회원국들은 이라크와 시리아의 ISIS 시설물을 공격했어. 또한 ISIS의 불법적인 석유 판매를 막고 다른 돈줄도 막았지. 이 밖에도 극단주의의 근본 원인을 해결하고 전직 ISIS 전사들을 국제 사회에 재통합하기 위한 프로그램을 시행했어. 마침내 2019년 ISIS는 공식적으로 사라졌지. 다만 아직도 이를 따르는 일부 사람들이 남아 있기는 해.

테러는 특정 국가가 아닌 특정 정치 단체나 군사 조직이 주도한다는 점에서 전쟁과는 달라. 테러는 또한 공격 대상이 무차별적으로 넓다는 점에서도 전쟁과 다르지. 따라서 단순히 몇 개 국가가 주도하는 외교적 노력만으로는 해결할 수가 없어.

'유엔 글로벌 대테러 전략'은 이런 점에서 주목을 받고 있어. 테러를 예방하고, 각국의 테러 대응 능력을 키우는 것을 강조하지. 2006년 유엔 총회에서 채택되었는데 '테러리즘'이라는 세계적인 문제를 해결하기 위한 다자간 접근 방식이라고 할 수 있어.

이 전략은 네 가지 원칙을 담고 있어. 첫 번째는 테러가 생기는 이유를 없애는 거야. 극단적인 불만을 가지는 사람들이 없도록 하는 거지. 골고루 경제를 발전시키고, 사람들의 권리를 존중하며, 법을 지키고, 모두가 함께 어울려 사는 사회를 만드는 거야. 두 번

국가, 국제기구
시민사회의
공동 노력

ISIS 테러

유엔 글로벌 대테러 전략
1 테러가 생기는 이유 없애기
2 각 나라가 테러를 막을 수 있는 힘을 키우기!!
3 테러를 막을 힘이 부족한 나라를 도와주기
4 테러를 막을 때 국제 인권 규칙과 법을 지키기

째는 각 나라가 테러를 막을 수 있는 힘을 키우는 거야. 이를 위해 법을 잘 만들고, 경찰이 잘 일하게 하고, 나라들끼리 정보를 공유하고, 국경을 잘 지키는 것이 필요해. 세 번째는 테러를 막을 힘이 부족한 나라를 도와주는 거야. 테러를 막을 기술과 제도를 알려 주고, 법을 잘 지킬 수 있게 돕는 거지. 마지막으로, 테러를 막을 때는 국제적으로 정해진 인권 규칙과 법을 지켜야 한다는 거야.

이 같은 국제적 노력에도 불구하고, 테러에 대한 대응은 쉽지 않아. 국제 사회가 복잡해지면서, 다양한 정치적 또는 종교적 이념을 내건 테러 단체들이 수시로 등장하고 있기 때문이지. 또 국가마다 자국의 이해관계에 따라 테러를 바라보는 시각이 다를 수 있어. 시각이 다르면 대응 방법도 달라지거든.

국제법의 역할

국제법은 국가 간의 협의에 따라 국가 간의 권리·의무에 대하여 규정한 국제 사회의 법률이야. 국가 사이에 크고 작은 분쟁이나 전쟁이 일어나고, 테러가 발생하기 때문에 필요하지.

전쟁과 테러리즘 영역에서 불법적이거나 비윤리적인 행위를 규제하기 위한 여러 국제법이 있어. 이 법은 군사적 행위, 민간인 보호, 테러 행위에 대한 책임 등의 문제를 다루고 있지. 잘못된 행동에 대해 책임을 물을 뿐만 아니라 국제적으로 바람직한 행동을 안내하는 역할도 해.

무력 충돌에 관한 중요한 국제법은 '제네바 협약'이야. 이 협약은 전쟁 중에 반드시 지켜야 할 원칙을 담고 있어. 1864년 전쟁터에서 부상당한 군인들을 보호하기 위해 만들어진 제1차 제네바 협약에서 시작되어 여러 차례에 걸쳐 내용이 추가되고 보강되었지. 이 협약은 비전투원, 전쟁 포로, 부상자의 권리를 설명하고, 분쟁 지역에 있는 개인들에 대한 인도적인 대우를 강조해. 가령, 전쟁에서 살인, 상해, 학대 및 고문을 하는 것은 불법이지. 제네바 협약은 아무리 전쟁이라 할지라도 인간의 고통을 줄이고 인도주의적 의무를 다해야 한다는 의미를 담고 있어.

또 '국제형사재판소(ICC, International Criminal Court)'는 전쟁 범죄, 반인도적 범죄, 대량 학살 등 심각한 국제 범죄를 처벌하는 국제 사법 기관이야. 국제형사재판소는 극악무도한 행위에 책임이 있는 사람이 법적 처벌을 받도록 하고 있어. 1994년 르완다 내전 때 후투족이 투치족 80만여 명을 학살했는데, 이에 대해 국제형사재판소는 가해자들에게 종신형 등 중형을 내렸어.

테러리즘에 대응하기 위한 국제 규범도 여럿 있어. 특히 유엔 안전보장이사회 결의안과 '테러 자금 조달 억제를 위한 국제 협약'은 국가들이 정보 공유, 범죄인 넘겨주기, 테러리스트 처벌에 협력할 수 있는 법적 기반을 제공해. 이러한 법적 틀에 따른 공동의 노력은 테러리스트들의 위협에 효과적으로 대응할 수 있게 하지.

그러나 이런 여러 가지 법에도 한계는 있어. 국제법의 집행은 법을 준수하려는 국가의 의지와 위반자에게 책임을 물을 수 있는 방법의 효율성에 달려 있거든. 힘이 센 국가는 때때로 국제 조사를 회피하기 때문에 국제법의 효과에 대한 의문이 일기도 하지. 갈등과 안보 위협이 지속되는 가운데, 정의, 평화, 인권을 수호하는 국제법의 제정과 준수가 여전히 필수적이라고 할 수 있어.

전쟁과 테러리즘의 환경은 지속적으로 진화하며 국제 사회에 더 어려운 과제를 안기고 있어. 게다가 기존의 영토 분쟁이나 종교 갈등 같은 문제 외에도 새롭게 대두되는 기후 변화, 자원 부족, 세계적 유행병 등의 문제는 국가 간 갈등을 부추기고 있지. 이러한 도전에 맞서기 위해 국가, 국제기구, 시민 사회의 공동 노력은 필수적이야. 국제 협력을 통해서 눈앞에 닥친 갈등을 해결할 뿐만 아니라, 갈등의 근본 원인에 현명하게 대처하는 것도 중요해. 외교를 통해 갈등을 풀고, 국제법이 공평하게 적용될 수 있도록 모든 나라의 노력이 필요하겠지.

5

국제 무역은 국제 관계에 어떤 영향을 미칠까?

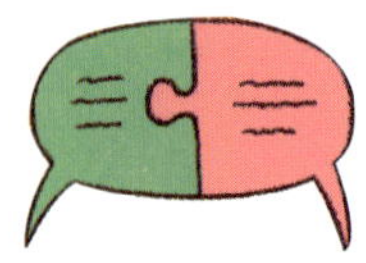

국제 무역은 국가 사이에서 물건이나 서비스를 사고파는 행위를 말해. 우리나라의 상품을 다른 나라에 파는 것을 '수출,' 다른 나라의 상품을 우리가 사 오는 것을 '수입'이라고 부르지. 무역은 정치·경제·문화적으로 매우 중요해. 또한 국력과도 밀접한 관계가 있어.

오늘날 어떤 나라도 무역 없이 자급자족만으로 살 수는 없어. 원리를 따져 보면, 무역은 국내 상거래와 크게 다르지 않아. 국내 상거래는 한 나라 안에서 사람들이나 기업 간에 거래하는 것이고, 무역은 국가들 간에 상품을 사고파는 것이지. 다만 국내 상거래에 견주어 무역은 거래의 규모가 크고, 위험도도 큰 편이야. 무역은 또한 국가 간 법률 및 협약을 따라야 해.

무역을 통해 각 나라는 필요한 물건이나 서비스를 얻지. 또한 서로 다른 문화를 받아들일 수도 있어. 우리나라는 좋은 품질의 자동차를 잘 만들어. 다른 나라 사람들은 한국 자동차를 사고 싶어 하지. 그래서 우리나라는 자동차를 다른 나라에 팔고, 그 나라는 한국 사람들이 좋아하는 것을 우리나라에 파는 거야.

우리나라와 중국 간의 무역을 예로 들어 볼까? 우리나라는 자동차, 전자 제품, 화장품 등을 만들어 중국에 팔아. 철강, 반도체, 정밀화학, 디스플레이 패널, 석유 제품 등 고도의 기술력이 필요한 소재도 많이 수출하지. 그리고 중국에서 옷이나 장난감, 전화기, 컴퓨터 등의 전자 제품을 수입해. 최근에는 정밀화학 원료, 산업용 전기 기기, 자동차 부품 등도 많이 수입하지.

중국에서 만든 물건을 우리나라가 사면 중국은 돈을 벌고, 그 돈으로 중국이 필요한 물건을 우리나라에서 구입하지. 마찬가지로 우리나라에서 만든 제품을 중국이 사면 우리나라가 돈을 벌고, 그 돈으로 중국에서 필요한 물건을 사는 거야.

미국 역시 우리의 가장 중요한 교역 상대국 중 하나야. 우리나라는 많은 제품을 미국으로 수출하고 있어. 삼성전자의 스마트폰이나 LG전자의 TV, 현대자동차의 자동차 등이 있지. 미국 또한 많은 제품을 우리나라에 수출해. 애플의 아이폰, 테슬라의 전기차, 엔비디아의 고성능 그래픽 처리 장치 등이야. 미국이나 중국 외에도 전 세계 여러 나라에 '메이드 인 코리아' 제품을 수출하고, 상대국 제품을 수입하지.

무역이 활발해지면 다른 나라에 공장을 지어 상품을 생산하기도 해. 현대자동차와 기아는 미국에 있는 공장을 통해 차를 생산해서 미국 시장에 팔아. 물론 미국 기업들도 우리나라에 많은 공장을 운영하고 있어. 이는 양국 간에 일자리를 만들고 경제적으로 협력하는 좋은 사례라고 할 수 있지.

무역은 눈에 보이는 상품만을 사고파는 것은 아냐. 영화, 음악, 스포츠 등도 사고팔 수 있어. 극장에서 할리우드 영화를 상영하는 것은 미국 제품을 우리나라에 파는 것과 같은 원리야. 음원 사이트를 통해 우리도 미국 팝송을 듣지. 우리나라도 문화 상품을 적극적으로 수출하고 있어. K팝을 비롯해 영화, 드라마, 게임, 패션 등이 전 세계에서 큰 인기야. 우리나라가 영토도 좁고, 이렇다 할 자원도 많지 않고, 인구 규모도 크지 않은 것을 생각해 보면 대단한 일이지.

문화 상품의 거래는 국제 무역에서 갈수록 중요해지고 있어. 문화체육관광부에 따르면, 2024년 콘텐츠 산업(출판, 영화, 만화, 방송, 게임 등) 수출액은 19조 900억 원으로 사상 최대치를 기록했어. 2023년보다 1.8% 증가한 수치야. 2023년 전 세계 한류 동호회 인원은 2억 2500만 명을 넘어섰다고 해. 엄청나지?

무역은 돈을 가지고 물건을 사고파는 것이지만, 어떤 경우에는 돈을 받지 않고 상품이나 서비스를 제공하기도 해. 어떤 나라에서는 발전된 의료 기술로 다른 나라에 도움을 줄 수 있지. 어느 나라가 어떤 질병과 싸우는 데 좋은 약을 개발했다면, 이 약을 다른 나라에도 팔거나 나눠 줘서 사용할 수 있게 하는 거야. 실제로 코로

K팝

나19 팬데믹 때, 미국과 유럽은 자신들이 개발한 백신을 세계 여러 나라에 공급하고, 가난한 나라에는 공짜로 제공했어.

또 어려운 상황에 처한 나라가 있을 때, 국제 사회가 힘을 합쳐 돕기도 하지. 어떤 나라가 홍수나 지진, 태풍 등 자연재해로 큰 어려움을 겪고 있다면, 다른 나라에서 식품이나 의료용품, 생필품 등을 보내서 돕기도 해.

협상과 갈등

국가는 무역을 통해 한정된 자원을 효과적으로 이용하기 위해 다양한 정책과 전략을 채택하고 있어. 이를 위해 여러 국제기구에 참여하고, 다자간 협상을 벌이지.

오늘날 대부분의 나라는 '세계무역기구(WTO)'에 가입돼 있어. 이 기구의 전신은 1947년 제2차 세계 대전 후 국제 무역 자유화를 촉진하기 위해 설립된 '관세와 무역에 관한 일반 협정(GATT)'이야. 가트는 국제기구는 아니었고, 협정 체계로 운영되다가 정식 국제기구로 발돋움했는데, 바로 세계무역기구지. 이 기구는 '자유 무역'이라는 기본 이념을 바탕으로 국제 무역에서 지켜야 할 규칙들을 제시하고 있어. 특히 관세, 저작권, 비관세 무역 장벽, 덤핑 등의 영역에서 국가 간 무역 분쟁을 조정하지.

‘관세’는 수입품에 매기는 세금을 말해. 국내 산업을 보호하고, 무역 균형을 유지하기 위해서지. 우리나라가 수입 자동차에 높은 관세를 매기면, 가격 경쟁력을 갖게 되는 현대자동차나 기아 등 국내 자동차 회사들이 혜택을 보겠지.

저작권은 문학, 예술, 음악, 소프트웨어 등의 창작자가 자신의 작품을 복제, 배포, 공연, 전시할 권리를 보호해 줘. 음악가가 만든 노래는 저작권법에 의해 보호되어 다른 사람이 함부로 복제하거나 팔 수 없어.

비관세 무역 장벽은 관세 이외의 방법으로 무역을 제한하는 조치를 말해. 예를 들어, 어떤 국가가 특정 농산물에 대해 엄격하게 안전 검사를 하면, 해당 농산물을 수출하려는 국가들은 어려움을 겪겠지.

덤핑은 한 국가가 자국의 제품을 해외 시장에서 정상가보다 낮은 가격에 파는 행위를 말해. 덤핑은 시장에서 경쟁사를 몰아내기 위해 종종 사용되지. 이를 방지하기 위해 많은 국가가 반덤핑 관세를 매기기도 해.

최근에는 양자 간 협정이라 할 수 있는 ‘자유무역협정(FTA)’ 체결이 늘고 있는 추세야. 자유무역협정은 둘 또는 그 이상의 나라들이 상호 간에 수출입 관세와 시장 점유율 제한 등의 무역 장벽을 없애기로 하는 약속이지. 우리나라는 현재 칠레, 싱가포르, 유럽연합, 미국과 자유무역협정을 맺었고, 앞으로 더 많은 나라와 협정을 맺을 예정이야.

유럽연합(EU)은 여러 유럽 국가가 경제적, 정치적으로 협력하는 국제기구야. 27개 회원국은 공동 시장을 형성하고 경제적 이익을 키우기 위해 협력하고 있어. 유럽 시장 안에서 상품과 서비스의 자유 이동을 허용함으로써 모든 회원국이 혜택을 받는 거지.

미국-멕시코-캐나다 협정(USMCA)은 북미 지역 국가들 간의 자유로운 무역을 촉진하기 위한 기구야. 가령, 자동차 회사들이 북미에서 생산된 부품을 75% 이상 사용하면, 수출할 때 관세를 매기지 않아. 3국은 농업, 지식재산권, 디지털 상품 무역 등에서도 상호 이익을 높이는 방향으로 나아가고 있어. 이 협정을 통해 세 나라는 자원을 효과적으로 활용하고 지속적인 경제 성장을 꾀하지.

국제 무역은 대체로 자연스럽게 흘러가지만, 종종 갈등으로 치닫기도 해. 예를 들어, 미국과 중국 간의 무역 갈등은 골이 깊어. 트럼프 대통령 첫 임기 때, 양국은 서로에게 무역 보복을 하면서 격렬하게 대립했지. 2018년 7월 미국 트럼프 행정부는 중국의 무역 관행이 불공정하다며, 340억 달러 규모의 중국산 제품에 25% 관세를 매겼어. 중국도 맞대응으로 같은 규모의 미국산 제품에 25% 관세를 매겼어. 2018년 9월, 미국은 추가로 2천 억 달러 규모의 중국산 제품에 10% 관세를 부과했지. 중국은 이에 600억 달러 규모의 미국산 제품에 보복 관세를 매겼고. 2019년 12월 양국은 임시 합의를 통해 갈등을 일부 풀었지만, 미중 무역 갈등은 국제 무역 질서를 크게 어지럽혔어.

2025년 4월 미국 트럼프 행정부는 무역 적자 해소, 중국의 산업 보조금 등을 이유로 중국산 제품에 최대 145%의 관세를 부과했어. 중국도 맞불을 놨지. 미국산 제품에 125%의 보복 관세를 적용한 거야. 이후 양국 간 무역은 사실상 중단됐어. 그러다 2025년 5월 미국과 중국은 협상을 통해 중국산 제품 관세는 30%로 내리고, 미국산 제품 관세는 10%로 하기로 합의했지. 다행이긴 하지만, 두 나라는 아직도 관세를 둘러싸고 감정의 골이 깊어.

우리나라도 일본과 잦은 무역 갈등을 빚고 있어. 최근의 무역 갈등은 2019년 시작됐어. 당시 일본은 반도체 산업에 중요한 세 가지 핵심 소재인 불화 폴리이미드, 포토레지스트, 불화수소의 한국 수출을 갑자기 막았는데, 우리나라 대법원이 일본 기업에 일제 강점기 징용 피해자들에게 배상하라는 판결을 내린 것에 대한 보복이었어. 이에 우리나라는 일본의 불공정 무역 관행을 조사해 달라고 세계무역기구(WTO)에 요청했지. 2023년에는 일본이 후쿠시마 원전 오염수를 바다로 흘려보내자, 우리나라가 일본산 해산물 수입을 제한하는 조치를 내렸어.

한일 갈등에서 보듯이 무역 갈등은 단순히 경제적 이해관계로만 설명할 수는 없어. 정치·사회적 이슈가 무역 갈등과 복잡하게 얽혀 있어서 풀기는 쉽지 않아. 그렇더라도 대화와 협상 그리고 치밀한 전략을 통해 갈등을 줄이는 게 국제 무대에서 우리의 경제적 이익을 키우는 방법이겠지?

나라 간 불평등을 줄이는 길

무역 불균형이란 무역을 하는 두 나라 사이의 수출과 수입 규모에 차이가 발생하는 현상을 말해. 수출과 수입의 규모는 일정 수준을 유지해야 지속적인 무역 거래가 이뤄질 수 있어. 하지만 어떤 나라가 수입은 적게 하고 수출은 많이 한다면 돈을 많이 벌겠지? 이를 '흑자'라고 해. 반대로 수입은 많고 수출은 적다면 '적자'가 나겠지. 흑자나 적자가 커지면 무역 불균형이 심하다는 뜻이야. 무역 불균형은 국가 간의 무역 분쟁으로 이어질 수도 있어.

무역 불균형은 또한 세계의 빈부 격차를 키우기도 해. 세계은행에 따르면, 세계의 소득 불균등이 점점 심해지고 있어. 어떤 나라는 계속 부유해지고, 어떤 나라는 상대적으로 가난해진다는 얘기야. 무역 불균형 외에도 부자 나라의 자본이 국제 시장에서 자유롭게 이동하면서 더 많은 이윤을 남기는 것도 국가 간 빈부 격차를 키우는 이유지.

자본주의 경제 체제에서 국제 무역과 경제 세계화는 피할 수 없어. 따라서 개발도상국들은 세계화를 피할 것이 아니라, 그 잠재적 위험과 이익을 계산해 성장의 기회로 이용할 필요가 있지. 예를 들어, 기술 혁신으로 자원을 더 효과적으로 이용하고 생산 방식을 개선할 수 있을 거야. 선진국과 국제기구의 지원도 필요해. 가령, 국제통화기금과 세계은행 등 국제 금융 기관들은 개발도상국에 대한 적극적인 지원으로 국가 간의 경제적 불균형을 낮출 수 있겠지. 선진국 또한 자국의 이익만을 좇아 움직이는 게 아니라 경제적 풍요를 모두가 누릴 수 있도록 국가들 사이에 서로 협력하고 자원을 나누는 노력을 해야 해.

6

국제 사회는
지구 환경 문제를
어떻게
해결할까?

전 세계 나라들은 지구라는 하나의 행성을 공유하고 있어. 지구가 망가지면 국가도 우리도 생존할 수 없지. 그래서 지구를 건강하게 지키는 것은 국제 사회의 큰 숙제야. 하지만 안타깝게도 지구는 온갖 환경 문제로 힘들어하고 있어. 지구 온난화로 빙하가 녹으면서 해수면이 높아지고, 이 때문에 낮은 지대에 사는 사람들은 큰 피해를 입고 있지. 또 홍수, 산불, 가뭄 등 자연재해 발생이 해마다 늘어나고 있어.

홍콩에 본부를 둔 비영리 환경 단체인 '어스오그(Earth.Org)'는 2022년 '가장 큰 환경 문제 12가지'라는 보고서를 발표했어. 보고서는 화석 연료로 인한 지구 온난화, 음식물 쓰레기, 생물다양성 손실, 플라스틱 오염, 삼림 파괴, 대기 오염, 녹아내리는 만년설과 해수면 상승, 식량과 물의 부족 등을 긴급하고 중요한 환경 문제로 꼽았어.

온난화가 가져온 재앙

가장 심각한 환경 문제는 지구가 뜨거워지고 있다는 거야. 2024년 지구의 평균 기온이 산업화 이전과 비교할 때 1.55℃ 올랐다고 해. 이는 석유나 석탄, 가스 등 화석 연료를 인류가 지나치게 많이 사용하고 있기 때문이야. 화석 연료를 태우면 지구를 뜨겁게 하는 온실가스를 내뿜거든.

온난화는 온갖 재앙들을 불러오고 있어. 열대성 폭풍과 허리케인, 폭염, 홍수와 같은 기상 이변이 더 잦아졌고, 최근 오스트레일리아와 미국에서는 지금까지 기록된 것 중 가장 파괴적인 산불을 경험했어.

지구가 뜨거워지고 있다는 것은 지구에서 가장 추운 두 곳, 남극과 북극의 기온을 살펴보면 더욱 잘 알 수 있어. 남극 해안에 있는 아르헨티나의 에스페란사 기지에서는 2020년 2월 18.3℃라는 최고 기온을 관측했는데, 아무리 여름이라 해도 남극 해안의 연평균 기온이 -23℃ 안팎이라는 점을 감안한다면 재앙적인 수준이야.

북극 지역의 얼음도 아주 빠른 속도로 녹고 있지. 얼음이 녹으면 물이 되니까, 해수면은 갈수록 높아져. 현재 전 세계의 해수면이 매년 평균 3.2mm씩 올라가고 있어. 과학자들은 2100년에는 해수면이 약 0.7m 더 높아질 수 있다고 해. 이렇게 되면 현재 3억 4천만~4억 8천만 명의 인구가 살고 있는 해안 지역이 물에 잠길 수

멸종 위기종 증가
빠르게 녹는 만년설
인구 증가
기상 이변
지구 온난화
음식물 쓰레기
플라스틱 오염
삼림 벌채
대기 오염
급속한 경제 성장

있다는 분석이 있어. 뉴욕이나 상하이가 물에 잠길 수도 있다는 말이야. 끔찍하지? 그렇기 때문에 가능한 한 빨리 화석 연료 사용을 줄이는 것이 필요해.

음식물 쓰레기와 생물 다양성

음식물 쓰레기 문제도 꽤 심각해. 매년 전 세계에서 생산되는 음식물 중 19%인 약 10억 톤이 낭비되거나 버려지고 있대. 10억 톤이면 얼마나 될까? 30억 명이 하루 평균 2kg씩 소비할 경우 약 170일 동안 먹을 수 있는 양이야. 5~6개월간 전 세계 인구의 절반이 먹을 수 있는 양이 매년 낭비되고 있다는 말이지. 선진국에서는 많은 음식물이 사람들이 먹기도 전에 쓰레기로 버려지고 있어. 미국에서는 생김새가 이상하다는 이유로 농산물의 50% 이상이 버려지고 있어. 과일과 채소 약 6천만 톤이 버려지는 셈이야.

버려지는 음식물은 환경을 파괴할 뿐 아니라, 지구 온난화를 일으켜. 연간 온실가스 배출량의 3분의 1이 음식물 쓰레기에서 나오거든. 음식물 쓰레기가 화석 연료 못지않게 환경 오염의 주범인 셈이지.

지구 생명체의 종류와 개체수가 급격히 줄어들고 있는 것도 큰 문제야. 세계자연기금(World Wide Fund For Nature)에 따르면,

1970~2016년 사이에 포유류, 어류, 조류, 파충류, 양서류의 개체 수가 평균 68%나 줄었어. 또한 500종 이상의 동물이 멸종 위기에 놓여 있어. 이는 주로 숲, 초원 등 야생 동식물 서식지가 급격하게 농토로 바뀌고 있기 때문이야. 지난 50년 동안 지구의 인구가 빠르게 증가한 탓도 있어. 인구가 늘면, 도시가 많아지고 소비가 증가해서 자연적 환경이 줄어들거든. 과학자들은 지금 같은 추세라면 20년 안에 수많은 생물종이 사라진다고 경고하고 있지.

플라스틱과 삼림 벌목

　플라스틱은 참 편리한 소재야. 단단하고 어떤 모양이든 만들 수 있지. 이런 편리함 때문에 세계는 1950년부터 매년 200만 톤 이상의 플라스틱을 생산했어. 더불어 플라스틱 쓰레기도 해마다 늘고 있지. 유명 과학 저널 〈네이처〉는 2018년 보고서에서 매년 1400만 톤 정도의 플라스틱이 바다로 흘러 들어가 동물에게 해를 끼치고 있다고 밝혔어. 미세플라스틱을 포함하면 2040년까지 바다로 들어가는 플라스틱 양은 무려 6억 톤에 이를 수 있다고 해. 플라스틱은 분해되는 데 400년이나 걸려. 따라서 플라스틱 이용을 줄이고 재활용률을 높이는 것만이 해결책이야. 그런데 과학 잡지 〈내셔널 지오그래픽〉에 따르면 생산된 플라스틱의 단 9%만 재활용되고, 나머지는 버려진다고 해.

숲은 지구 온난화의 주범인 탄소를 흡수하고, 토양이 깎이는 것을 막아 줘. 나무뿌리가 토양을 움켜잡아 빗물 등에 씻겨 내려가는 것을 막는 거지. 숲은 산사태도 방지해. 삼림 벌채는 심각한 환경 문제야. 전 세계적으로 매시간 축구장 300개 크기의 숲이 벌거숭이가 되고 있어. 2030년이 되면 지구의 숲은 10%만 남을 것이라는 예측도 있어. 사람들이 가축을 기르거나 농작물을 심기 위해 숲을 없애고 있기 때문이지.

아마존 열대 우림은 '지구의 허파'로 불려. 왜냐하면 우리가 숨을 쉴 때 필요한 산소를 아마존 나무들이 내뿜고 있기 때문이지. 그런데 최근 몇 년 동안 아마존 열대 우림은 크게 파괴됐어. 파괴의 원인 가운데 하나는 벌목이야. 목재를 수출하거나, 농업이나 축산업을 위해 무분별하게 나무를 베어 내는 일이 아주 많아. 손쉽게 농지나 목축지를 확보하기 위해 숲을 태우는 일도 늘고 있어. 브라질은 세계 최대의 쇠고기 수출국 중 하나인데, 축산업을 이어 가려면 방대한 목초지가 필요하기 때문이지. 현재는 아마존 전체 면적의 약 17~20%가 벌목 등으로 파괴되었다고 해.

대기 오염도 심각한 상황이야. 세계보건기구에 따르면, 매년 세계적으로 약 420만~700만 명이 대기 오염으로 죽고, 10명 중 9명은 오염된 공기를 마시고 있어. 유니세프에 따르면, 빠른 도시화와 산업화로 2017년 아프리카에서만 대기 오염으로 인한 사망자가

25만 8천 명에 이르렀대. 대기 오염은 대부분 공장에서 나오는 오염 물질과 자동차 매연 때문이야.

국제 사회의 환경 보호 운동

　환경 오염은 자연적으로도 발생하지만, 대부분 인간의 활동 때문에 생겨. 특히 인구 증가, 급속한 경제 성장, 과잉 소비, 쓰레기 투기, 삼림 벌채 등이 주요 원인으로 꼽혀. 인류가 살아갈 터전인 지구의 환경을 보전하는 것은 인류의 생존과 직결돼 있어. 따라서 국제 사회는 환경 오염을 줄이기 위해 갖가지 방안을 내놓고 있지.

　많은 나라가 환경 보호 운동을 펼치고 있어. 매장 안에서 일회용 컵 사용을 금지하는 정책, 전기 사용을 줄이면 요금 할인을 해 주는 정책, 대중교통을 이용하면 요금의 일정 부분을 돌려주는 정책 등이 모두 환경 보호를 위한 노력이야. 전기를 아껴 쓰고, 꼭 필요한 것만 사는 소비 습관을 갖는 것도 우리가 생활 속에서 실천할 수 있는 환경 보호 활동이지. 또 기업들은 환경 오염을 줄일 수 있는 제품을 생산하기 위해 자발적으로 나서고 있어. 가령, 자연에서 바로 썩는 바이오플라스틱은 환경에 큰 도움이 되겠지. 정부에서도 환경에 도움이 되는 방식으로 상품을 생산하도록 기업들을 독려하는 정책을 내놓고 있어.

중환자실
지구야 미안해
플라스틱 덜 쓸게
환경친화 제품 만들게 -기업-
쓰레기 버리지 않을게
화석연료 사용 줄일게
적절한 소비 약속해
환경 정책 만들게 -정부-
파리 기후협약
2°C 이내 상승 억제할게 -지구인 일동

환경은 지구적 이슈인 만큼, 전 세계가 힘을 합치는 게 중요해. 특히 대부분의 나라가 참여하는 환경 협약은 환경 보호에 큰 도움이 될 수 있지. 대표적인 것이 '파리 협정'이야. 2015년에 체결된 이 협정은 지구 온난화를 막기 위해 온실가스를 줄이자는 전 지구적 합의안이야. 기후 변화를 멈추기 위한 인류의 중요한 성과지. 파리 협정은 산업화 이전에 비해 지구의 평균 온도 상승을 2℃ 아래에서 억제하는 것을 목표로 내걸고 있어.

이 협정이 성과를 내기 위해서는 온난화의 주범인 이산화탄소를 많이 내뿜는 선진국과 신흥 경제 강국들이 모범을 보여야 해. 하지만 미국이나 중국, 영국, 유럽연합 등이 파리 협정의 목표치를 제대로 따라가지 못하고 있는 상황이야. 우리나라는 2030년까지 2018년 대비 온실가스 40% 감축을 목표로 노력하고 있어.

1973년 설립된 국제기구 '유엔 환경계획(UNEP, United Nations Environment Program)'은 환경에 관한 국제적 노력을 지원해. 환경과 관련된 다른 국제기구나 여러 국가에 경비와 기술 인력을 지원하고 있어. '국제자연보전연맹(ICUN, International Union for Conservation of Nature and Natural Resources)'은 전 세계의 자원 및 자연보호를 위해 유엔의 지원을 받아 1948년에 설립됐어. 국가, 정부 기관, 비정부 기구가 참여하고 있는 세계 최대 규모의 환경 단체야. 선박의 안전과 보안을 확보하고, 해적 퇴치 등의 일을 하는 '국제해사기구(IMO, International Maritime Organization)'는 선박으로 인한 해양 및 대기 오염을 방지하는 임무도 갖고 있어. 해양 오염을 줄이기 위해 개발도상국에 기술 원조를 하는 등 여러 가지 노력을 하고 있지.

이렇게 환경은 한 나라만의 노력으로는 지킬 수 없어. 지구상 모든 나라의 협력이 절실히 필요해. 따라서 국제 사회는 환경 보호를 위한 정교한 정책 마련과 실천을 위해 여러 가지 노력을 기울이고 있지. 우리 개개인의 작은 노력이 모여 큰 힘이 된다는 것을 잊지 말길.

7

국제 사회는 인권을 어떻게 보장할까?

인권은 인간의 권리야. 세부적으로 살펴보면, 모든 사람이 차별 없이 동등하게 대우받을 권리(평등권), 자유롭게 행동·사고·표현할 권리(자유권), 노동·교육·건강 등 인간다운 생활을 국가에 요구할 수 있는 권리(사회권) 등을 포함하지. 쉽게 말해서, 인권은 우리 생활 모든 영역에서 인간의 가치를 보장하는 것을 말해.

인권에 대한 인식과 개념은 17~18세기 유럽의 근대 시민 혁명에서 뿌리를 찾을 수 있어. 시민 혁명은 절대 군주의 자의적인 지배를 방지하고 봉건적 특권 체제를 없애는 과정에서 인권, 평등, 참정권 등의 현대적 인권 개념을 발전시켜 나갔어. 인간은 누구나 종교, 표현, 사상의 자유를 누려야 하고, 차별받지 않는 똑같은 권리를 가져야 하고, 자기 재산을 가질 수 있으며, 정치 지도자들을 직접 뽑을 권리가 있다는 사상이 형성된 거지. 대표적인 시민 혁명인 영국의 명예혁명(1688년), 미국 독립 혁명(1776년), 프랑스 혁명(1789년) 등을 통해 인권은 발전해 왔어.

세계 인권 선언

제2차 세계 대전의 잔혹상은 세계의 양심에 커다란 충격을 안겨 주었어. 세상 사람들은 이러한 비극이 다시는 되풀이되지 않아야 한다는 것을 뼈저리게 느꼈지. 이에 따라 새롭게 결성된 유엔은 세계 평화와 인권 보호라는 두 가지 목표를 설정하고 '국제 인권 장전'의 초안을 마련하기로 했어. 1947~1948년에 걸쳐 여러 번의 토론을 통해, 마침내 1948년 12월 10일 유엔 총회에서 '세계 인권 선언'이 선포되었지.

세계 인권 선언은 국제 관습법과 같은 효력을 가지고 있어. 관습법이란 사회에서 오랜 시간을 거쳐 형성된 관습이 국민 일반에게 법 규범으로 받아들여지는 것을 말해. 강제성은 없지만, 암묵적으로 모두 다 인정하는 법이지.

국제 사회는 세계 인권 선언에서 밝힌 권리들을 구체화하고 발전시키는 활동들을 계속해 왔어. 1976년 '시민적 및 정치적 권리에 관한 국제 규약'과 '경제적·사회적·문화적 권리에 관한 국제 규약'이 발효됐지. 또한 고문, 인종 차별, 실종, 비사법적 처형 그리고 여성 차별에 반대하는 여러 국제 협약들이 뒤따랐어. 세계 100개 이상의 나라들이 사형 제도를 폐지했거나 집행하지 않고 있는 것도 큰 성과야. 지금도 유엔에서는 원주민 권리 보호, 분쟁 지역에서의 아동 보호, 인권 운동가 보호에 관한 국제 인권 협약들을 만

생명권
평등권
환경권
자유권
인권
사회권

들고 있는 중이란다.

많은 나라와 수많은 인권 운동 단체는 국제 협약을 바탕으로 인권 침해 사실을 모으고 인권 침해를 막기 위해 지금도 여러 노력을 하고 있어. 하지만 상당수 국가는 아직도 이런 국제 협약을 받아들이지 않거나, 협약을 실천할 법률을 만들지 못하고 있지.

모든 사람의 인권이 제대로 보장된다면 세상은 참 행복할 거야. 그러나 안타깝게도 지구촌은 인권 침해로 몸살을 앓고 있어. 무엇보다 분쟁으로 인한 인권 침해가 심각해. 40여 년 동안 세계를 휩쓸던 냉전 시대가 끝나면서 세계의 세력 균형이 무너졌지만, 이로 인해 힘의 공백이 생기면서 각 지역마다 인종 및 민족 간의 분쟁이 증가했지.

중국 정부의 자국 내 소수 민족에 대한 탄압은 국제적 논란을 일으키고 있어. 예를 들어, 중국 정부는 티베트 아동 100만 명 이상을 정부가 운영하는 기숙 학교에 보내 이들에게 한족 문화를 교육하고 있다고 해. 미국과 국제 인권 단체 등은 중국 신장 지역에서 약 100만 명에 달하는 위구르족, 무슬림 소수 민족이 강제 노동 수용소에 잡혀 있다고 비판하지. 또 2019년과 2020년 홍콩에서는 자유와 독립을 요구하는 대규모 시위가 일어났는데, 중국 정부는 시위대를 가혹하게 진압하기도 했어.

튀르키예는 인구의 15~20%가 쿠르드족이야. 고유한 언어와 문화를 가지고 있고, 중동에서 네 번째로 수가 많은 민족이지만,

자신들의 나라를 세운 적은 없어. 튀르키예 내 쿠르드족은 꾸준히 독립을 요구하고 있지만, 튀르키예 정부는 쿠르드 언어, 이름, 옷, 문화 등을 금지하는 정책으로 맞서고 있지.

유고슬라비아는 1990년대 해체되면서 여러 차례의 내전을 겪고 세르비아, 몬테네그로 두 나라로 분리되었어. 세르비아 남부 코소보에는 알바니아계 민족이 많이 살았는데, 코소보가 독립을 선언하자 세르비아는 알바니아계 민족에 대한 잔인한 탄압으로 대응했어.

르완다에서는 1994년 주요 부족인 후투족과 투치족 간의 내전이 일어나 수많은 사람들이 죽었어. 후투족 출신 대통령이 탄 비행기가 격추되자, 후투 극단주의자들은 이를 투치족의 소행으로 간주하고 보복 학살을 시작한 거야. 결국 투치족 80만여 명이 목숨을 잃었지. 르완다 전체 인구의 20% 정도였어.

늘어나는 난민과 인권 문제

인권 탄압을 피해 자신의 나라를 떠나는 사람들이 있어. 이들을 '난민'이라고 해. 난민은 인종, 종교, 국적, 특정 사회단체의 구성원 신분 또는 정치적 견해 때문에 박해를 받아 나라를 떠난 사람이야. 전쟁, 기아, 질병, 천재지변 등으로 나라를 떠난 사람들도 난민이지.

내전 또는 분쟁은 난민을 만드는 주요 이유야. 예를 들면, 1999년 부터 2003년까지 계속된 라이베리아 내전으로 약 100만 명의 난민이 발생했어. 이 가운데 일부는 학살을 피해 망망대해 바다로 탈출했지. 1994년 르완다 내전 때는 200만 명이 자이르(지금의 콩고 민주공화국 땅에 있던 옛 국가) 등 주변 국가로 피난했어.

현재 국제 난민의 수는 무려 1억 명이 넘어. 10년 전보다 두 배나 늘어났지. 전체 난민의 3분의 2 이상은 시리아(680만 명), 베네수엘라(620만 명), 아프가니스탄(580만 명), 남수단(230만 명), 미얀마(130만 명) 등 5개국에서 발생했어.

난민 생활은 극도로 어려워. 일단 먹을 것과 잘 곳이 부족해. 난민들은 직업을 구할 수 없기 때문에 생필품을 살 수 없고, 먹고 씻을 물도 부족하지. 아이들 교육은 꿈도 꿀 수 없어. 유엔 등 국제기구와 일부 국가들이 나서서 난민 캠프를 운영하고 있지만, 턱없이 부족해. 대부분 난민 캠프는 운영비를 자발적 후원에 의지하고 있어서 캠프에 사는 난민들을 충분히 지원하기는 어려워.

유엔은 '난민 지위에 관한 협약(1951년)'과 '난민의 지위에 관한 의정서(1967년)'를 통해 난민들을 보호하고 수용해야 할 책임이 국제 사회에 있다고 밝혔어. 국제난민법은 어느 누구도 자신이 위험에 처하게 될 나라로 돌려보내져서는 안 된다는 원칙을 강조해. 그럼에도 많은 나라들이 난민을 강제 송환하고 있지. 1996년

시리아 680만 명
베네수엘라 620만 명
아프가니스탄 580만 명
남수단 230만 명
미얀마 130만 명

캄보디아는 자국에 들어와 있던 19명의 베트남 난민을 송환했는데, 이들은 베트남으로 돌아가자마자 곧바로 체포되었어. 국제 사회가 힘을 모아 지속 가능한 대책을 마련하지 않는 한 이런 비극은 계속될 거야.

기술과 교통, 통신의 발달로 세계는 점점 더 좁아지고 있어. 하지만 진정한 세계화를 이루기 위해서는 다른 민족에 대한 관심과 그들의 고통을 이해하는 자세가 절실히 필요해. 난민도 우리와 같은 인간임을 이해하고, 인간적 대우를 할 때, 국제 사회는 좀 더 성숙하고 평화로워질 거야.

이민의 증가와 다인종 사회

흔히 미국을 다인종 사회라고 불러. 미국 독립 초기에는 북유럽과 서유럽 출신 백인들이 다수였지만, 1965년 이민법이 통과되면서 미국 사회는 급격하게 다인종 사회로 바뀌었어. 이 법은 이민자를 국적에 관계없이 차별하지 않고 받아들이도록 했기 때문이지. 2021년 미국 인구 분포를 보면, 백인이 60.1%, 히스패닉° 18.5%, 흑인 13.4%, 아시안이 5.9%를 차지해. 2045년에는 백인이 전체 인구의 50%를 밑돌 것으로 전망되고 있어.

° 라틴아메리카 출신 중 스페인어를 사용하는 사람들.

2022년 경제협력개발기구(OECD) 38개 회원국에 들어온 해외 이민자는 610만 명이야. 2021년보다 무려 26% 증가한 수치지. 이는 대체로 저출산·고령화로 침체되는 경제를 살리기 위해 많은 선진국이 외국 인력을 경쟁적으로 받아들이고 있기 때문이야.

우리나라는 어떨까? 2024년 말 외국인 비중은 국내 인구의 5.2%야. 중국, 베트남, 태국, 미국 등에서 온 외국인 265만 명이 우리와 같은 하늘 아래 살고 있는 셈이지. 북아메리카와 유럽의 선진국을 제외하면 상당히 높은 비율이야. 우리나라는 인력난이 심각한 조선업, 농업, 건설 현장, 중소기업 등에서 외국인 노동자 없이는 사업을 계속할 수 없을 정도라고 해. 외국인 인구 비중이 높아진 이유 중 하나지. 음식점이나 공장에서 외국인이 일하고 있는 것을 본 적이 있을 거야. 지방 대학에는 외국인 유학생이 계속 늘고, 대중교통에서도 외국인을 흔히 마주칠 수 있어. 생김새만 다르지 그냥 이웃이야.

하지만 이민자들에 대한 우리 사회의 시선은 아직 차가워. 피부 색깔이 다르다는 이유로, 한국말을 잘 못한다는 이유로 이민자들을 무시하는 사람들이 많아. 이제 우리도 단일 민족이라는 허상을 버리고 다인종 사회를 만들어 가기 위한 노력이 필요해. 외국인들과 더불어 살아갈 준비가 필요하다는 얘기야. 또한 정부에서도 이주민들을 우리 사회에 적극적으로 포용하기 위한 정책적·제도적 준비를 해야 해.

인권은 21세기의 중요한 인류 가치야. 인권은 한 나라만의 문제가 아니라 인류 보편의 문제이지. 각각 14억 명의 인구를 가진 중국과 인도가 겪고 있는 자유, 민주, 평등, 환경의 문제는 바로 이 지구촌에 사는 모든 사람의 문제이기도 하니까.

모두가 행복한 오늘과 더 행복한 내일을 만들기 위해서는 인권이라는 보편적 가치가 실천되어야 해. 이를 위해서 우리 모두가 인권에 관해 잘 아는 것이 중요하지. 서로 다른 문화를 경험하고, 균형 있는 시각을 형성하고, 차이를 이해하고, 다양성을 인정할 수 있어야 해.

더불어 인권을 보호하고 존중하는 국제 질서와 제도를 만들어 낼 필요가 있어. 이를 위해서 유엔을 비롯해 각국 정부 그리고 여러 국제 인권 단체들이 함께 노력 중이지. 또한 인권 침해의 가장 큰 원인인 전쟁과 소수 민족에 대한 탄압을 방지하기 위한 노력도 전개되고 있어. 개인의 가치가 인정받고, 존중받는 세상을 만드는 일에 우리 모두의 동참과 노력이 필요해.

8

종교와 국제 관계는 어떤 관련이 있을까?

우리 일상에서 종교는 매우 중요해. 주말마다 많은 사람들이 종교 기관을 찾아 기도하거나 명상의 시간을 갖지.

종교를 가진 사람들은 세계 전체 인구의 90%를 넘어. 통계를 보면, 전 세계 82억 인구 가운데 72억 명이 종교를 가지고 있어. 기독교인이 24억 명, 무슬림 20억 명, 힌두교인 12억 명, 불교인이 5억 명에 이르고, 유대교, 시크교°, 기타 여러 민속 종교나 신흥 종교를 믿는 사람들도 많아.

종교를 뜻하는 라틴어 '렐리기오(religio)'는 '어떤 것에 마음을 집중하다' 또는 '신과 관련된 특별한 보살핌이나 관심 사항'이라는 의미를 갖고 있어. 초기 기독교 신학자였던 락탄티우스(240~320년)는 종교란 '신과 단절된 관계를 다시 회복하는 것'이라고 정의했지. 따라서 종교는 '초월적 또는 영적인 존재에 대한 믿음을 공유하는 사람들로 이루어진 공동체와 그들이 가진 신앙 체계'라고 정

○ 힌두교와 이슬람교의 영향을 받아 창시된 종교. 인도에서 시작되었다.

불교인
5억 명
기타
(유대교, 시크교
민속종교, 신흥종교)
힌두교인
12억 명
무교
무슬림
20억 명
기독교인 24억 명

의할 수 있어. 종교인들은 인간이 어떠한 도덕을 지키며 어떻게 살아가야 하는지에 대해 각자의 믿음을 갖고 있지.

종교의 의미

사람들은 왜 종교를 가질까? 종교학자들은 종교의 본질은 한 마디로 '가치 있는 삶의 추구'라고 말해. 종교에 따라 조금씩 다르긴 하지만, 대부분의 종교가 지향하는 가치는 정의, 진실, 평등, 사랑, 자비, 돌봄, 경외, 지혜, 겸손 등이야. 모두 다 인류의 보편적 가치지. 따라서 종교의 역할은 자기중심적으로 사는 삶을 벗어나 의미와 가치를 좇아 살도록 한다는 데 있어.

인간 사회에 중요한 의미를 가지고 있는 종교는 아주 오래전 문명의 발달 과정에서 생겨났어. 학자들은 초기 종교가 주로 자연에 대한 두려움을 극복하고, 복잡한 우주를 이해하고, 세상의 불가사의한 힘에 대비하고자 하는 노력에서 시작했다고 생각해.

상당수의 종교학자는 현대의 주요 종교가 크게 중동의 셈어권 문화와 인도·이란의 인도이란 문화권에서 유래한 것으로 보고 있어. 셈어권 문화로부터 유대교, 기독교, 이슬람교가 나오고 인도·이란 문화권에서 조로아스터교, 브라만교, 불교, 힌두교가 나왔다고 해.

일부 종교학자들은 조로아스터교의 '선과 악의 이분법' 교리가 페르시아 지배를 받던 시기에 유대교에 스며들고, 시간이 흐르면서 종말론, 선악 이론 등의 기독교 교리를 체계화하는 데 영향을 끼치고 이후 등장한 이슬람교에도 큰 영향을 주었다고 보고 있어.

인도·이란 문화권에 살던 일부 사람들이 기원전 15세기경 인도 북부로 들어가 기존 전통 문화와 융합하여 새로운 통치 체계이자 신분 제도인 카스트 제도를 만들었고 이를 뒷받침하기 위해 신분 질서를 정당화하는 브라만교가 만들어졌어. 이후 브라만교 사상을 비판하거나 재해석하는 과정에서 불교와 힌두교가 등장해 동양의 여러 나라에 퍼졌지. 동양의 종교는 포용과 융합의 성격이 강한 편이야.

종교는 이후 여러 지역에서 국가 체제 혹은 사회 제도를 뒷받침하는 사상으로 발전했어. 고대와 중세 여러 국가는 사회 통합과 통치를 위해 종교의 힘을 빌렸지. 파라오를 신으로 여겼던 이집트 때부터 역사상 가장 큰 제국 가운데 하나인 로마에 이르기까지 '신정 정치'는 아주 중요했어. 신정 정치란 지배자가 자기의 권력을 신으로부터 주어진 절대적인 것이라고 주장하며 국민의 복종을 요구하는 정치 형태를 말해. 근대에도 유럽에서는 가톨릭이, 인도에서는 힌두교가, 동남아시아에서는 불교가, 그리고 중동에서는 이슬람이 커다란 정치적 영향력을 발휘했어.

우리나라에서도 종교는 각 시대마다 국민을 통합하는 데 큰 역할을 했어. 고조선은 단군 신화를 바탕으로 성립돼 번성했고, 불교는 삼국 시대와 고려 시대의 중요한 통치 기반이었지. 조선 시대에는 성리학을 바탕으로 하는 유교가 정치와 사회, 문화의 핵심이었어.

종교는 인류 역사의 핵심적인 부분 중 하나로, 사회를 통합하고, 사회적 질서를 유지하고, 정치 권력을 유지하는 바탕이 되었다고 할 수 있어.

현대 사회에서도 종교는 매우 큰 역할을 수행하고 있어. 종교는 인간의 내면적인 욕구를 충족시킬 뿐만 아니라, 개인과 사회 간의 관계를 조절하는 역할을 해. 또한 정치, 인권, 환경 등의 사회적 이슈와 밀접하게 연관되는 경우도 많아. 종교적인 이유로 국가들이 때로는 협력하고 때로는 갈등하는 경우도 있지.

다른 나라의 종교를 인정하는 자세

세계화, 다양한 문화 간의 상호 작용 등으로 종교의 중요성은 현대 국제 관계에서 더욱 커지고 있어. 종교를 기준으로 다른 나라와 어떤 관계를 유지할지 결정되는 경우도 많지.

유럽 국가들은 주요 종교인 기독교를 바탕으로 서로 긴밀한 관계를 맺고 있어. 이슬람이 주요 종교인 중동 국가들은 종교를 바탕

으로 나라를 통치하는 독특한 체제를 만들었어. 중동 국가들은 이
슬람을 믿는 아프리카, 아시아 국가들과 친밀한 관계를 유지하지.
여성 외교관들이 중동 국가들을 방문해 군사적 또는 경제적 협상
을 할 때는 이슬람 문화를 존중한다는 의미로 히잡을 쓰고 참여하
는 경우도 많아. 상대 국가의 종교를 인정하는 것이 국제 관계에서
아주 중요하다는 것을 보여 주는 사례지.

대부분의 종교는 정의, 사랑, 자비 등을 강조하지만, 안타깝게
도 종교는 국제 분쟁을 일으키는 가장 중요한 원인 가운데 하나야.
동유럽의 공산권이 무너지면서 유고슬라비아에서는 세르비아계
이슬람교도들과 크로아티아계 가톨릭 신자들 간에 피비린내 나는
전쟁(1991~1995년)을 벌였지. 소련이 무너진 뒤 이 연방에 속했던
아르메니아계 기독교인과 아제르바이잔계 이슬람교도도 치열한
전쟁(1992~1994년)을 벌였어.

200년 넘게 영국의 식민지였던 인도는 1947년 독립을 했지만,
종교적 갈등으로 나라가 세 개로 쪼개지고 말았어. 먼저 힌두교를
중심으로 하는 인도와 이슬람교를 중심으로 하는 파키스탄이 분
할되었고, 이어 파키스탄 본토와 동파키스탄이 전쟁을 벌여, 동파
키스탄 지역이 방글라데시로 독립했지.

아프리카에서는 기독교와 이슬람 간에 갈등이 심해. 특히 수단
과 알제리, 탄자니아와 나이지리아 등에서 두 종교 간의 갈등은 끝
없이 이어지고 있어. 중동에서 유대교를 믿는 이스라엘과 이슬람

을 믿는 아랍 국가들 간의 갈등은 매우 잘 알려져 있지.

누구나 원하는 종교를 믿을 자유가 있어. 하지만 그렇다고 남의 종교를 비방하거나 경시해서는 안 돼. 마찬가지로 서로의 종교를 존중할 때 국가 간의 관계도 평화로워질 수 있어.

하지만 현대 사회에서 종교는 종종 배타적이고 극단주의적 형태를 띠기도 해. 다른 종교를 배척하고, 자신들의 원칙만을 강조하는 것이지. 기독교에서는 낙태를 강하게 반대하고, 혼전 순결을 지켜야 한다고 강조해. 이슬람 문명권에서는 남녀 차별을 공식화하고 있지. 아프가니스탄에서는 남자들이 턱수염을 깎을 수 없고, 여자들은 직장에서 일할 수 없어.

일부 신자들은 자신의 종교를 내걸고 테러를 감행하기도 해. 2023년 10월 이슬람 극단주의 정치 세력인 하마스는 이스라엘에 대한 테러 공격으로 1천 명이 넘는 사람들을 죽였지. 불교도가 많은 미얀마에서는 이슬람을 믿는 로힝야 민족을 오랫동안 탄압하고 국경 밖으로 쫓아냈어. 이란에서는 최근 기독교 성직자 여럿이 이유 없이 죽임을 당했지. 종교적 신념은 존중받아야 하지만, 종교의 이름을 빌려 테러를 저지르거나 인권을 침해하는 일은 없어야 해.

세계 종교 지형의 변화

2세기에 걸쳐 진행된 십자군 전쟁(1095~1291년)이 말해 주듯, 기독교와 이슬람은 오랜 역사를 가진 앙숙이야. 두 종교 간의 세력 격차가 크게 벌어진 건 서구 제국주의가 대대적인 식민지 확장에 나서면서야. 20세기가 시작될 무렵 이슬람 인구는 기독교의 3분의 1을 조금 넘는 수준에 불과했지. 하지만 다산을 장려해 온 전통 덕분인지 지금 이슬람 인구는 20억 명이 되었고, 기독교 인구 24억 명과의 격차를 크게 줄였어. 앞으로는 어떻게 될까? 한 세대가 더 흐른 2050년에는 이슬람 인구가 기독교와 엇비슷해질 것이라는 전망이야.

미국의 여론 조사 기관 퓨리서치센터가 2022년 발표한 '세계 종교의 미래' 보고서를 보면, 세계 종교 지형이 바뀌고 있어. 가장 큰 이유는 출산율이야. 이슬람 지역이 가임기 여성 1인당 3.1명이라는 세계에서 가장 높은 출산율로 인구를 빠른 속도로 불리는 반면 기독교 지역은 2.7명으로, 이에 미치지 못하고 있지.

오랜 충돌의 역사를 고려하면, 두 종교의 성장세 때문에 상호 충돌할 위험성이 높아. 특히 두 종교 인구 증가의 핵심축인 아프리카 사하라 사막 이남 지역은 종족 문제까지 겹치면서 종교 간 분쟁이 자주 일어나는 지역이야. 따라서 지금이야말로 다른 종교에 대한 이해와 종교 간 화해가 더없이 중요한 시점이지.

9

외교는 왜 중요할까?

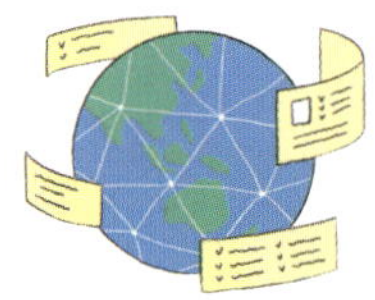

뉴스에서 외교라는 말을 들어 봤을 거야. 대통령이 외국을 순방하기도 하고, 외국 지도자들이 한국을 종종 찾기도 해. 뉴스에서는 이를 외교 활동이라고 불러. 외교란 뭘까?

외교란 자국의 이익을 위해 평화적인 방법으로 다른 나라들과의 관계를 유지하고 발전시켜 나가는 모든 활동을 의미해. 고대부터 각 나라는 다른 나라와의 관계를 관리하고, 자국의 이익을 지키며, 전쟁을 피하기 위해 다양한 외교 활동을 펼쳤지. 현대에도 다른 나라의 정책 수립이나 의사 결정에 자국의 이익이 반영되도록 많은 외교적 노력을 하고 있어.

외교는 기본적으로 '비군사적 수단'을 사용하는 게 특징이야. 협상, 중재, 제재 등을 통해 국가 간의 문제나 국제적인 갈등을 해결하는 것이지. 정상 회담, 무역 협상 등을 떠올려 보면 외교가 무엇인지 조금 더 쉽게 이해할 수 있을 거야. 과거에는 정치, 경제, 군사 분야에 한정됐던 외교의 영역이 최근에는 문화, 예술, 스포츠를 포

함한 다양한 분야로 확대되고 있어. 한류, K콘텐츠 덕분에 우리나라의 외교 채널도 매우 다양해졌어.

외교를 통해 국제 갈등을 예방하고, 관리하고, 해결책을 찾아낼 수 있어. 이해 당사국들이 정기적으로 모임을 열어 대화해 갈등을 예방하고, 갈등이 발생했을 때는 외교를 통해 협상을 진행하면서 갈등을 줄이거나 해결할 수 있어.

'이란 핵 협상'은 외교가 국제 갈등 해결에 중요하다는 것을 보여 주는 좋은 사례야. 이란의 핵무기 개발을 막기 위한 이 협상에는 이란과 미국, 영국, 프랑스, 중국, 러시아, 독일 등 6개 국가가 참여했어. 2013년 11월부터 2015년 7월까지 이들은 외교 협상을 통해 세 차례의 단계적 합의를 이끌어 냈지. 최종 합의안에는 이란이 핵무기 개발을 중단하고, 국제 사회가 이란에 대한 제재를 풀고, 국제원자력기구(IAEA, International Atomic Energy Agency)가 이란의 핵 활동을 감시하는 내용이 담겼어. 외교적 노력은 이처럼 국제 사회에서 중요한 역할을 해.

외교에서 가장 중요한 것은 뭘까? 외교는 국제 평화를 이끄는 중요한 수단이지만, 외교의 궁극적인 목표는 자국의 이익이야. 외교와 관련해서 유명한 말이 있어.

"국제 관계에서는 영원한 적도, 영원한 우방도 없다."

국가는 단체이지 사람이 아니기 때문에 감정적으로 행동하지 않아. 국가의 이익을 위해서라면 지금까지의 우호 관계도 거리낌

없이 끊거나, 오랜 기간 적처럼 지내 왔던 국가와도 손을 잡을 수 있지. 국가적 이익이 외교적 판단에서 가장 중요하다는 말이야.

역사를 살펴보면 프랑스와 합스부르크 오스트리아는 불과 몇 년 만에 편을 바꾸어 싸웠어. 오스트리아 왕위 계승 전쟁(1740~1748년) 당시 프랑스는 프로이센과 손을 잡고 오스트리아에 맞서 싸웠지. 하지만 얼마 뒤 시작된 7년 전쟁(1756~1763년)에서는 오스트리아와 한편이 되어 영국과 프로이센에 대항했어.

그리스 독립 전쟁(1821~1829년)에서 영국은 러시아 제국의 편에서 오스만 제국을 견제했지만, 얼마 지나지 않아 터진 크림 전쟁(1853~1856년)에서는 오스만 제국을 도왔지. 제2차 세계 대전의 추축국 중 하나인 일본은 전쟁 때는 미국을 비롯한 연합국과 치열하게 싸웠지만, 오늘날 미국과 일본은 우방국이야. 미국과 함께 연합국 편에 섰던 러시아와는 그다지 사이가 좋은 편이라 할 수 없지. 역사적으로 외교 관계에서 동맹이 바뀌는 일은 수없이 일어났어. 국제 관계가 참 냉정하다는 것을 보여 주는 대목이야.

외교의 형태

외교는 크게 '일반 외교'와 '공공 외교' 두 가지로 나뉘어.

일반 외교는 국가 간 공식적 회담을 통해 외교 활동을 전개해.

주로 외교관들이 나라를 대표해서 다른 나라들과 대화와 협상을 진행하고 세계 각국의 정보를 모으지. 반면, 공공 외교에서는 정부가 아닌 민간도 외교의 주체가 될 수 있어. 가령, 일반 국민, 기업, 비정부 기구들이 외교 과정에 참여하는 거야. 상대국의 국민을 대상으로 하는 공공 외교는 주로 미디어를 활용해. 공공 외교의 초창기에는 라디오, 텔레비전 등 전통 미디어를 이용해 상대국의 언어로 뉴스나 정보를 전달했어. 요즘에는 소셜 미디어 등 새로운 형태의 미디어를 주로 이용하지. 한국관광공사는 유튜브 채널에서 국악 밴드 이날치와 함께 '범 내려온다'로 우리나라의 리듬을 세계인에게 전파한 적이 있어. 흥겨운 음악과 함께 우리나라 관광지를 홍보하는 내용이었는데, 3억 뷰 이상을 기록했지.

공공 외교는 주로 우리나라의 역사, 전통, 문화, 예술, 가치, 정책, 비전 등을 알리는 것에 초점을 맞추고 있어. 이를 통해 우리나라의 이미지를 좋게 만들지. 이는 외국인들이 우리나라를 신뢰하는 결과로 이어져. 국제적 신뢰는 우리나라의 이익을 높이는 데 도움이 되지. 어떤 나라와의 관계에 있어 그 나라에 대한 국민의 감정, 호감도 등은 꽤 중요해. 따라서 다른 나라 국민이 우리나라에 대해 좋은 인상을 가질 수 있도록 만들 필요가 있어.

일반 외교는 다시 몇 가지 형태로 구분해. 먼저 공개 여부에 따라 '공개 외교'와 '비밀 외교'가 있지. 공개 외교는 바깥에 외교의 과정을 투명하게 공개하는 것이야. 가령, 두 나라의 대통령이 만나서 대화하는 것을 언론에 공개한다면, 이는 공개 외교라고 할 수 있지. 하지만 외교 과정을 외부에 공개할 수 없을 때도 있어. 가령, 두 나라가 군사 협력에 관해 논의할 경우, 국가 안보에 매우 중요한 문제이므로 알릴 수는 없어. 전쟁 중인 두 나라가 종전이나 휴전을 논의할 때도 협상은 비밀로 하는 게 일반적이지. 비밀 외교는 협상의 과정과 내용이 알려질 경우 목표 달성이 어려울 때 필요해.

일반 외교는 이해 당사자의 수에 따라 '다자 외교'와 '양자 외교'로 나눌 수 있어. 전통적인 외교의 형태는 '양자 외교'였어. 그러나 국제기구를 비롯한 다양한 행위자가 등장하고, 비밀스러운 외교가 신뢰 형성에 좋지 않다는 지적이 나옴에 따라 여러 당사자가 참여하는 '다자 외교'가 늘어나고 있어. 다자 외교는 모두가 동의하는 해결책을 찾을 수 있다는 장점이 있지만 복잡한 이해관계를 조율하기 어렵다는 단점이 있지.

외교는 접촉 방식에 따라 '공식 외교'와 '암묵 외교'로도 나뉘어. 공식 외교는 공식적이고 직접적인 접촉을 통해 이루어지는 외교야. 정상 회담이나 장관 회의 등을 예로 들 수 있지. 암묵 외교는 간접적인 접촉으로 이루어지는 외교 형태를 말해. 예를 들어, 정상 회담장 밖에서 정부 관계자가 언론과 인터뷰를 한다고 생각해 보자. 정부 관계자는 기자들에게 "공감대를 형성했다"며 긍정적으로 말할 수도 있고, "의견을 주고받는 수준이었다"며 냉담하게 말할 수도 있어. 이러한 인터뷰는 회담에 대한 정부의 태도를 언론을 통해 드러

냄으로써 회담 상대방을 압박할 수 있지. 이 경우, 정부 관계자는
암묵 외교를 펼친 거야.

우리나라의 외교

우리나라의 외교 환경은 여러 면에서 복잡해. 지리적으로는 북
한, 중국, 러시아, 일본 등에 둘러싸여 있고, 태평양 건너 멀리 있
지만 미국의 영향도 크게 받고 있어. 경제적으로는 자원이 적어서
수입-수출에 의존할 수밖에 없고, 군사적으로는 세계 유일의 분
단국이지.

하지만 오늘날 우리나라는 동아시아의 강국이자 세계 무대에
서 당당한 선진국이야. 우리는 대한민국 국민이라는 걸 자랑스러
워해도 돼. 일제 식민지, 6.25 전쟁, 냉전 등 험난한 과정을 거쳤지
만, 특유의 근면함과 노력으로 극복했어.

우리나라와 사이가 좋지 않거나 외교 관계가 없는 곳은 10개국
정도에 불과해. 우리나라의 외교는 전 세계로 확장하는 추세야. 높
아진 경제적 위상이나 한류의 글로벌 확산이 큰 힘이 되었지. 특히
2021년 세계 7개 선진국으로 구성된 'G7 정상 회의'에 참여한 것
을 계기로 외교 영향력을 빠르게 키워 가고 있어.

우리나라는 미국, 러시아 모두 비자 없이 입국할 수 있는 몇 안

되는 나라 가운데 하나야. 미국과는 강력한 우방국이고, 중국과도 적절한 관계를 맺으며 교류를 지속하고 있지. 유럽연합을 비롯해 대다수의 영국 연방 국가들과 무비자 협약, 범죄인 인도 조약을 맺고 있고, 각종 교류 프로그램도 운영하고 있어.

다만 일본과는 여러모로 복잡해. 경제, 문화, 지리 등 여러 요소가 떼려야 뗄 수 없을 만큼 가깝지만, 과거사, 독도 문제 등 크고 작은 사안들이 얽히고설켜 있지. 중동 지역에서는 서로 숙적 관계인 튀르키예, 이란, 이스라엘 모두와 우호적 관계를 유지하고 있어.

1988년 서울 올림픽 유치 과정에서 우리를 지지한 국가 중 절반이 아프리카 국가였어. 이를 계기로 우리 정부는 아프리카 국가들과의 외교에도 힘을 기울였어. 또 1988년 서울 올림픽에 동유럽 국가들이 참가한 것을 계기로, 많은 동유럽 국가와도 우호적인 관계를 맺고 있지.

국력을 반영하듯 국제 사회에서 우리나라의 이미지는 매우 좋아. 문화체육관광부가 2021년 24개국 1만 2,500명을 대상으로 조사한 결과를 보면, 80.5%가 우리나라의 이미지를 긍정적으로 평가했어. 이는 전년 대비 2.4%p(퍼센트포인트) 증가한 수치야. 베트남(95%), 터키(92.2%), 필리핀(92%), 태국(90.8%) 등 7개 국가에서는 10명 중 9명 이상이 이미지가 좋다고 답했어. 긍정 이미지 요인으로는 현대 문화(22.9%), 제품·브랜드(13.2%), 경제 수준(10.2%), 문화유산(9.5%), 국민성(8.6%), 사회 시스템(7.8%), 스포츠(7.6%), 정치 상황(6.2%), 국제적 위상(5.3%) 등이 꼽혔어.

다만 현재 우리를 둘러싼 국제적 환경이 그렇게 좋지만은 않다는 걸 기억하길 바라. 중국은 거대한 경제력을 바탕으로 전방위적으로 팽창하고 있고, 일본은 재무장을 시도하며 주변국의 우려를 사고 있어. 북한은 핵 실험을 지속하며, 한반도를 불안에 몰아넣고 있고. 이 때문에 우리는 많은 외교적 역량을 북한 및 한반도 주변 열강들에 쏟고 있지. 우리나라는 장기적으로 주변국을 견제하면서 국력을 키울 수 있는 외교 전략을 만들고 실천해야 하는 상황이야.

현대 외교의 도전과 기회

현대 외교는 전례 없는 도전과 기회에 직면하고 있어. 디지털화, 세계화, 지구적 기후 변화 등은 외교의 방향과 전략에 새로운 변화를 가져올 거야. 이러한 도전을 극복하고, 기회로 전환하기 위해서는 몇 가지 외교 전략이 필요해.

먼저, 다양한 국제기구와의 협력을 강화할 필요가 있어. 특히 세계보건기구(WHO), 국제통화기금(IMF), 세계무역기구(WTO) 등과의 긴밀한 협력을 통해 전염병, 경제 갈등, 무역 규제 등 다양한 이슈에 대해 효과적으로 대응해야 해. 문화적 다양성을 존중하고 문화 협력을 추구하는 외교 전략도 중요하지. 가령, 예술, 스포츠 분야에서 국제 교류를 늘림으로써, 다양한 문화를 받아들이고 국가 간에 상호 이해를 높일 수 있을 거야.

정보 기술을 활용해 외교 활동을 현대화할 필요도 있어. 인공지능, 빅데이터 분석, 사이버 보안 기술 등을 활용해 국제 정세를 제대로 파악하고 국제 문제에 효과적으로 대응해야 해. 인공 지능, 블록체인, 사이버 보안 등의 기술이 외교에 어떤 영향을 미칠지, 그리고 이를 어떻게 활용할지에 대한 고민도 필요해. 디지털 외교 수단을 통한 국가 간의 외교는 이제 피할 수 없는 흐름이야.

전통적으로 외교의 주체는 국가와 그 국가의 대표자들이었어. 그러나 지금은 다국적 기업, 국제기구, 비정부 기구 등 다양한 주체들이 외교에 나서고 있지. 따라서 이들 주체가 국제 무대에서 어떻게 상호 작용하는지 이해할 필요가 있어.

냉전 시대의 외교가 이데올로기를 기준으로 적과 친구로 구분했다면, 오늘날에는 인류의 보편적 가치와 이익을 함께하는 세력들끼리 힘을 합치는 '가치 동맹'으로 진화하고 있어. 여기서 가치란 민주주의와 인권 확대, 자유 보호, 보편적 권리 옹호, 법치 존중 등을 말해. 가치에 바탕을 둔 외교 전략도 우리나라에 갈수록 중요해지는 중이야.

새로운
도전 과제들

벌써 마지막 장이네. 여기서는 국제 관계의 미래를 내다보고, 각 나라가 어떻게 대처해야 할지에 대해 얘기하려고 해.

21세기에는 기후 위기 등 지구적 차원의 위험 확산과 더불어, 급격한 기술 발전, 지정학적 권력 관계의 변화 등으로 인해 국제 관계가 크게 변할 것으로 예상돼. 따라서 국제 사회는 이 같은 새로운 도전에 맞서고, 안정과 번영을 유지하고, 국가 간에 더욱 긴밀히 협력해야 하는 상황이야. 앞으로의 국제 관계에 영향을 미칠 수 있는 몇 가지 이슈들을 중심으로 지구촌의 미래에 대해서 같이 생각해 보자.

첨단 기술의 개발과 이용에 대한 국제 규범

디지털 혁명은 국제 관계를 근본적으로 변화시키고 있어. 인공 지능, 양자 컴퓨팅, 사물 인터넷(IoT) 등 첨단 기술의 등장으로 국가들이 상호 작용하고 경쟁하는 방식이 바뀌고 있는 거지. 인공 지능은 한 나라의 군사 능력을 획기적으로 높일 수 있고, 기업의 생산성 향상에도 큰 도움을 줄 것으로 보여.

첨단 기술은 긍정적인 영향도 가져오겠지만 부작용도 생길 수 있어. 네트워크로 제어되는 다른 나라의 발전 시설, 송전 시설, 철도와 도로 등 핵심 인프라를 마비시키거나 그 나라의 정부·군사 정보를 훔칠 수 있으니까. 첨단 인터넷 기술을 이용한 '사이버 전쟁'이 일어날 가능성도 크지. 2014년 러시아가 우크라이나를 침공하고 크림반도를 합병하는 과정에서 사이버 공격 전술이 사용되기도 했어. 또 인공 지능을 이용한 로봇 군인들이 전쟁을 벌이는 끔찍한 상황도 상상해 볼 수 있지.

이렇듯 첨단 기술은 전 지구적 측면에서 큰 영향을 미칠 거야. 따라서 첨단 기술의 개발과 이용에 대한 국제 규범을 신속하게 마련할 필요가 있어. 첨단 기술의 개발과 이용이 인류에게 도움이 되는 방향으로 이뤄지도록 국제적 기준과 협정을 확실하게 만들어야 해. 앞으로의 국제 관계에서 첨단 기술에 대한 논의는 매우 중요할 거야.

기후 위기와 환경 외교

　기후 위기도 국제 관계의 미래에 결정적인 영향을 미칠 거야. 산불, 홍수, 폭염 등 이상 기후의 증가, 지구 온난화, 해수면 상승 등이 지구적 차원에서 벌어지고 있거든. 전례 없는 규모의 위협인 기후 변화 때문에 전 세계의 긴급하고 지속적인 대응이 필요해. 따라서 미래의 국제 관계에서는 기후 변화에 대한 논의와 협력이 중요한 의제가 될 거야.

　전 세계 194개국이 서명한 '파리 협정'은 기후 변화를 줄이려는 국제 사회의 의지를 보여 주었어. 이 협정에 근거해서 국제 사회는 재생 및 친환경 에너지 이용 확대, 탄소 배출 억제 등에 대한 협력을 지속적으로 강화할 것으로 기대돼. 한편으로, 국가들은 경제 성장과 환경 보존 사이의 균형을 맞추기 위해 다양한 협상도 벌일 거야. 기후 변화를 줄일 수 있는 노력에 적극적으로 참여하는 국가들은 국제 사회에서 위상이 높아지겠지. 그런 의미에서 전력 수요의 58%(2023년 기준)를 풍력 발전에서 얻고 있는 덴마크는 국제 사회에서 존경을 받고 있지. 이런 상황이라면 우리나라도 기후 위기에 대응하는 에너지 정책을 펼치고, 이를 외교에 더욱 적극적으로 활용할 필요가 있겠지?

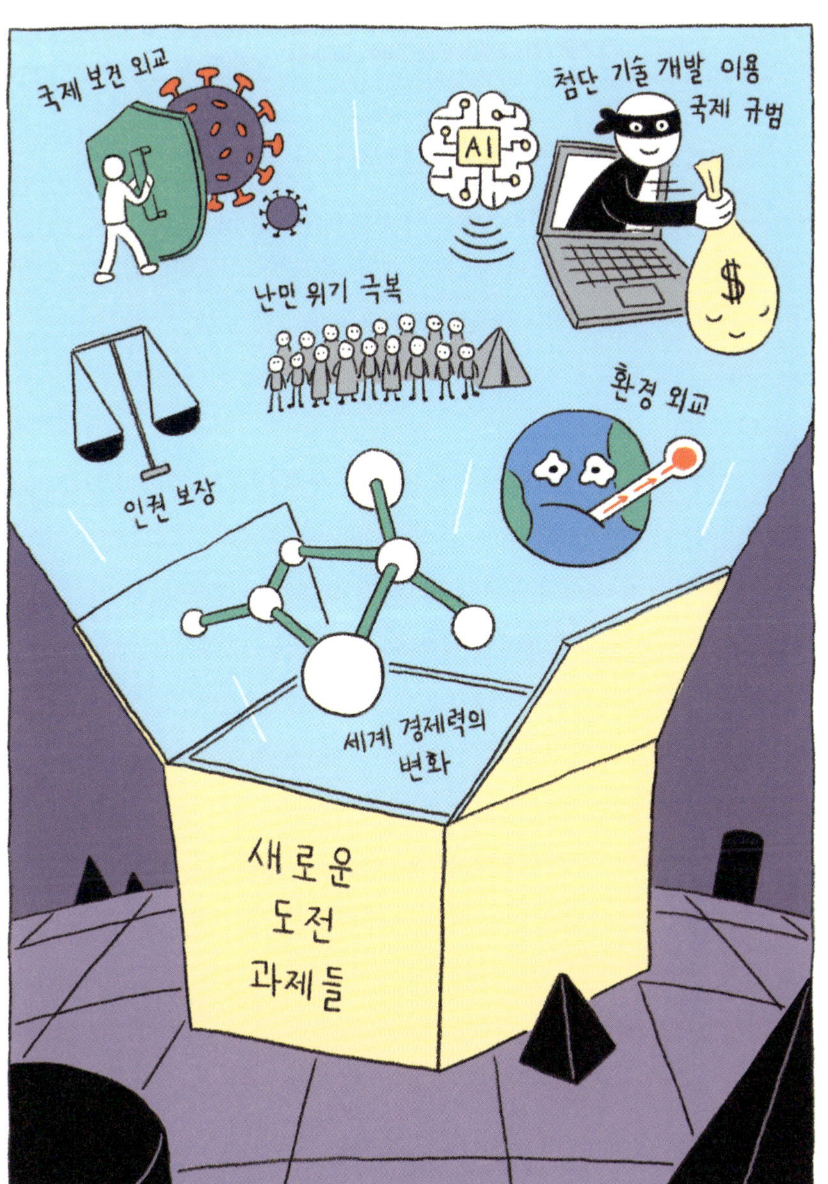

국제 보건 외교
첨단 기술 개발 이용 국제 규범
난민 위기 극복
인권 보장
환경 외교
세계 경제력의 변화
새로운 도전 과제들
AI
$

세계 경제력의 변화

21세기는 새로운 경제 강국들이 등장하고, 경제적 영향력이 여러 나라로 분산되고 있어.

중국의 눈부신 성장은 서구 국가들의 전통적인 지배력에 도전하고 있지. 아시아, 유럽, 아프리카를 아우르는 대규모 인프라 프로젝트인 '일대일로' 정책은 세계 경제 질서를 재편하려는 중국의 야망을 보여 주는 사례야. 인도, 브라질, 남아프리카 공화국 등 신흥 경제 강국들도 세계 경제 질서를 바꾸고 있어.

이런 경제적 다극화 시대에, 각국은 여러 도전에 대응하고 자국의 경제적 이익을 늘리기 위한 새로운 전략을 만드느라 바빠. 변화하는 국제 경제 환경을 제대로 파악하고, 기술 혁신에도 많은 투자를 해야 해. 경제의 체질을 바꾸고, 다른 나라들과 전략적 제휴를 맺는 것도 점점 더 중요해지지. 또한 국제 경쟁에서 살아남기 위해서는 정부의 리더십과 국민의 호응이 절실히 필요해.

각국의 개별적인 노력과 함께 지구적 차원에서 모든 나라가 협력하는 것도 중요하지. 국가 간에 경제적 차이가 커지면 갈등이 생길 가능성이 높아지거든. 무역 격차를 줄이는 것은 경제 불평등 해결에 큰 도움이 돼. 국제 사회는 가난한 나라들이 경제 발전에 사용할 수 있는 기술을 무료로 또는 값싸게 제공하는 것을 생각해 볼 만해. 가난한 나라들의 부채를 일부 줄여 주는 것도 좋은 아이디어야.

이를 위해 국제통화기금과 세계은행 같은 국제기구가 가난한 나라를 위한 정책을 더 많이 만들어 낼 필요가 있지. 경제적 지위에 관계없이 모든 나라가 지속적으로 잘사는 지구촌을 만들기 위한 노력은 앞으로의 국제 관계에서 더욱 중요해질 거야.

국제 보건 외교

코로나19 때문에 지구촌은 많이 힘들었어. 전 세계적으로 7백만 명이 넘는 사람이 목숨을 잃었고, 후유증에 시달리는 사람도 많지. 코로나19 팬데믹은 국제 보건 시스템이 매우 취약하다는 것을 잘 보여 줬어. 전염병 확산이 한 국가의 문제가 아니라 전 세계의 문제라는 것도 확인시켰지. 국제 사회의 공동 대응만이 전염병 확산을 막는 방법이라는 걸 우리 모두 배운 거야.

전문가들은 코로나19 팬데믹 같은 상황을 피하려면 국제 사회가 공동으로 대처할 수 있는 항구적 시스템을 만드는 것이 중요하다고 말해. 코로나19 팬데믹 때 만들어진 국제 협력 프로젝트 'ACT Accelerator'는 좋은 사례야. 세계보건기구와 10개 이상의 글로벌 보건·개발 기관들이 손을 잡고 코로나19 진단 키트, 치료법 및 백신을 전 세계에 배포했어. 이 노력은 역사상 가장 빠르고, 가장 조화로우며, 가장 성공적인 국제 협력 사례로 꼽혀. 앞으로의 국제 관계에서도 전염병 확산 방지를 위한 더 긴밀한 협력이 필요해. 물론 우리나라도 여기에 적극적으로 동참하겠지.

난민 위기의 극복

난민 위기는 국제 협력이 절대적으로 필요한 분야 가운데 하나야. 먼저 인도주의적 측면에서 난민들의 의식주 문제를 해결하고 안전한 피난처를 제공하기 위한 각국의 지원이 꼭 필요하지.

이런 점에서 유엔 난민기구의 '글로벌 난민 포럼'이 주목받고 있어. 4년마다 열리고 있는 이 포럼에서 각국 정부와 국제기구들 그리고 국제 구호 단체들이 힘을 합쳐 인도주의적 지원을 늘리기 위해 노력 중이지. 또 '난민과 이주민을 위한 뉴욕 선언'은 국제적 연대와 난민 보호의 역사적인 이정표라고 할 수 있어. 2016년 유엔 총회에서 193개 유엔 회원국은 만장일치로 이 뉴욕 선언을 채택해, 난민을 보호하고 이들을 수용한 국가를 지원하는 것이 공동의 책임이라는 데 동의했어.

지역 분쟁의 증가와 기후 변화, 식량 부족 등의 이유로 난민의 수는 앞으로도 줄어들지 않을 거야. 따라서 국제 사회는 긴 안목으로 난민 위기의 근본 원인을 해결하는 데 나서야 해. 무엇보다 난민 위기의 가장 큰 이유는 분쟁이라는 점을 고려해, 분쟁 지역에 평화와 안정을 가져오기 위한 외교적 노력이 중요하지. 앞으로의 국제 관계에서는 분쟁 해결을 위해 유엔 등 국제기구 그리고 비정부 기구들이 힘을 합치는 일이 많아질 거야.

이 밖에도 국제 사회가 앞으로 중요하게 다뤄야 할 일들은 아주 많아. 인권 보장, 교육 기회의 확대, 장애인·홈리스 지원, 소수자 인권 보호 등 여러 가지 이슈들이 국제 사회의 관심과 대응을 기다리고 있어. 이런 일들은 여러 나라의 협력을 통해서만 원만히 처리할 수 있지. 따라서 국제 사회의 협력과 연대는 더욱 중요해질 거야.

반복해서 얘기하지만 21세기 국제 관계는 여러 가지 새로운 과제에 직면하고 있어. 사이버 전쟁, 글로벌 전염병, 기후 변화, 영토 갈등과 같은 문제는 지구촌이 새로운 방식으로 접근해야 해결할 수 있어. 오늘날 상호 연결된 세계에서 어떤 국가도 혼자서 큰 문제를 해결할 수 없거든. 따라서 모든 나라와 사람들에게 이익이 되는 해결책을 찾기 위해서는 더욱 긴밀한 국제 관계를 만들 필요가 있지.

서로의 이익과 행복을 위해 교류하고, 조화롭고 공평한 세상을 만드는 일은 우리 모두가 기꺼이 나설 때만 가능할 거야. 모두가 행복한 세상을 만들기 위한 노력에 여러분도 동참하기를 기대할게.

생각이 많은 10대를 위한

국제 관계

초판 1쇄 인쇄 2026년 2월 12일
초판 1쇄 발행 2026년 2월 23일

지은이 | 박창섭
그린이 | 나수은
펴낸이 | 한순 이희섭
펴낸곳 | (주)도서출판 나무생각
편집 | 양미애 백모란
디자인 | 박민선
마케팅 | 이재석
출판등록 | 1999년 8월 19일 제1999−000112호
주소 | 서울특별시 마포구 월드컵로 70−4 (서교동) 1F
전화 | 02)334−3339, 3308, 3361
팩스 | 02)334−3318
이메일 | book@namubook.co.kr
홈페이지 | www.namubook.co.kr
블로그 | blog.naver.com/tree3339

ISBN 979−11−6218−385−4 43340